识干家

企業閱讀　學以致用

避开股权合伙这些坑

股权设计方法与案例

苏雯静◎著

北京燕山出版社
BEIJING YANSHAN PRESS

图书在版编目（CIP）数据

避开股权合伙这些坑：股权设计方法与案例/苏雯静著．-北京：北京燕山出版社，2020.7

ISBN 978-7-5402-5758-3

Ⅰ.①避… Ⅱ.①苏… Ⅲ.①股权管理-研究 Ⅳ.①F271.2

中国版本图书馆 CIP 数据核字（2020）第 107864 号

书　　名：避开股权合伙这些坑：股权设计方法与案例

作　　者：苏雯静

责任编辑：满　懿

出版发行：北京燕山出版社

地　　址：北京市丰台区东铁营苇子坑路 138 号

网　　址：http://www.bjyspress.com

电　　话：（010）65240430

电子邮箱：bjyspress@126.com

印　　刷：河北宝昌佳彩印刷有限公司

经　　销：新华书店

规　　格：170 毫米×240 毫米　16 开本　16.5 印张　221 千字

版　　次：2020 年 8 月第 1 版　　2020 年 8 月第 1 次印刷

定　　价：68.00 元

导读

无论是创业期的合伙，发展期的外部资源整合，还是内部核心人才的激励，只要我们用到股权，就不单单是基于股权这一个单点的设计运用，而一定要基于企业的项目、合伙人的类型、未来的发展方向、当下面临的困难等多个维度去思考，最好形成以股权为主线全盘考虑的合伙人应用机制。

企业在股权方面存在两大问题：一是不懂也从来不用，公司做了多年依然是100%的股权，公司还是停滞不前；二是觉得懂股权，但在实际运用中，仅仅认为股权就是比例的问题，分来分去，不是分错了，就是分了也没起到作用。

企业老板要学会运用股权思维，真正让股权起到留人、用人、激励人才、引入资金、发挥资源、扩大市场的作用。

曾遇到这样一个客户，企业规模还不错，年收入也相对稳定，老板就想给老员工一些股权。老板去参加了一些股权课程的学习，回来就制定了协议，拿出了近30%的股权。可实施一年多后，员工出资还没到位，人却走光了。原来他只是“分了股权”，但平时的工作仍然和原来一样。

一个开培训学校的年轻小伙，原来干得还可以，后来想发展项目，引入了几个人，却不承想非但自己的股权从 100% 变成了 10%，业务上仍旧什么都得自己干，成了给其他合伙人打工。

还有食品行业的张老板，因为需要融资，反复对接了很多个人的投资方或资源方，每对接一个，他就会苦恼该怎么针对性地给对方股权。但是每个合伙人的需求是不同的，我们不可能满足每个人的需求，重要的是企业发展需要的是什么。

像这些类似的问题，我在给中小企业做咨询的过程中遇到太多了，真的为这些企业痛心。

做了这么多年股权咨询服务，我觉得股权咨询有时候更像是心理咨询。因为在与合伙人、员工等各个利益相关者沟通的时候，既要谈股权是什么，还要去摸清每个人心里想什么；既要讲清楚为什么要这样设计规则，又要结合各自的需求去平衡之间的利益关系，而不能单一地从股权及比例的角度去思考。

为了让更多的中小企业能够正确认知到股权的价值并学会合理使用，我将多年咨询服务中遇到的比较有代表性的有关创始合伙人、外部合伙人、内部合伙人等方面的实际案例做了归纳和梳理，并总结了实际的问题和处理的方式方法，希望给读者一个全新的股权合伙的参照，既可以帮读者避免同样的问题，还可以拿来对应使用。

本书一共九个章节，围绕着企业发展过程中会遇到的创始合伙人、外部合伙人、内部合伙人等方面，从股权的基础知识、对股权的正确认知、合伙人的分类，到创始合伙人股权设计、内部合伙人股权激励，到外部合伙人股权设计，以及精品案例的解读，分别通过一些案例的形式，使读者能够在不同的场景中，找到与自己企业发展阶段相对应的情景，希望大家能得到启发，获得新的思考和借鉴。

目录

第二章 开启正确的合伙方式

第一章

学会使用股权的力量

第一节　什么是股权

一、股权的概论

股权，从定义上来讲，泛指股东得以主张的各种权利。股权从公司成立的那一刻起就存在了，有公司就有股权。我们可以把股权按照广义和狭义来理解。

（1）狭义的股权

凡是在工商登记，能在公司章程或者工商中查到的股权，以有限责任公司或者股份制公司为主体的，股东持有的权利，就是股东的股权（也是我们常说的注册股）。在有限责任公司的股权，一般我们会讲股权比例，一共有几个股东，每个股东分别持有多少比例的股权；在股份制公司，一般说股份，每个股东持有多少股的股份。

（2）广义的股权

可以理解成是以法人组织为基础的，股东持有该组织的权利，统称为股权。目前在法人组织方面，主要是指公司的形式。

- 有限责任公司称为股权；
- 股份制公司往往称为股份；
- 上市公司称为股票；
- 有限合伙人企业称为合伙份额；
- 个体工商，没有什么说法。

本书所讲的股权，是围绕广义的股权，结合不同的法人组织主体，针对不同的合伙情况，进行对应的设计和说明。股权从广义上是一种口语化的表达，但是在签订合作协议的时候，对应不同的法人组织主体，股权描述应该对应该主体所适用的法律规定。

比如张三和李四共同成立一家合伙企业，他们在合伙协议中约定时，股东就不能称之为股东，而应该称之为“合伙人”，合伙人持有的股权，应该叫合伙份额。

二、股权对应的权利

股权背后代表的是股东拥有的权利，是基于股东地位而取得的包括财产权、经营管理权在内的多种权利的集合体。只要拥有了股权，就意味着拥有了该公司的所有权。股权所对应的权利一般包含以下几个大的方面：

1. 决策权

决策权指的是股东享有的表决权，主要体现在股东会中针对所议事项的表决。股东会作为公司的最高权力机构，股东对会议上所做的任何决策都代表着最高的权力。

2. 经营者的选择权、经营管理权

这两个方面更多的是指股东有针对经营者、企业经营管理方面的选择权。股东可以选择职业经理人来进行企业的管理，如果人选不合适，可以通过股东会换掉。股东自己也可以亲自参与公司的经营管理，对公司的经营做出方向性的决策。

3. 知情权、质询权

任一股东，无论持股权的比例大小，对于公司的所有事项都有知情权和质询权，就是当你对某些事项不认同或者觉得有异议的时候，都可以提出质询。

4. 优先购买权、优先认购权

主要指公司的股东在股权上有优先权。当公司内部有股东想要退出或者转让自己的股权时，其他股东是可以先行受让的，只有当公司内部所有股东都不主张这个权利时，转让者方可将自己的股权转让给公司股东以外的第三方。这也是在保证原有股东的权利，防止股权的恶意出售带来不适合公司发展的股东，对公司造成麻烦。

5. 财产收益分配权

这个主要包含分红权，当公司产生利润时，股东自然享受利润的分红。另外，还包括公司剩余财产（价值）的分配权，当公司解散或者经过发展沉淀，公司有剩余资产或者资金时，股东享受对应的索取权，应当对此部分的财产进行分配。

除以上权利外，其实股权的权利还有转让权、继承权、增值和溢价权等，无论是哪些权利，都属于股东在持有股权时法律赋予的应得的权利。我们只有正确了解这些权利，才能正确认识并在自己遇到问题时，能够捍卫自己的权利，或者在股东会中主张自己的权利。

对于以上我们讲的这些权利，更多的是针对有限责任公司和股份制公司来讲的，对于个体工商和有限合伙企业来说，他们的“股权”是有一定区别的。主要区别在于，他们也对应以上权利，但是表现形式有所不同，比如在个体工商当中是没有股东这一说法的，在有限合伙企业中一般约定的是财产份额，也无正式的股权比例之说。因为公司的主体不同，对应的约定、工商要求也有所不同。这就告诉我们在进行合伙创业时，股东之间的约定、协议的签署，都应当结合运营的法律主体，在协议的描述中表述清楚，避免协议的无效性。

我们在利用股权思维去运用股权的时候，更多的是将这些权利进行拆分或者组合，使用其中的某一种或者某几种权利，通过双方约定的方式，达到合伙的目的。这些权利的分散运用在我们后面章节的案例中会有具体的体现。

股权本身是一种权利，其实更多的也代表着所有权，公司就好比我们以前家里的几亩地，地是我的，我就要把地种好，才有好的收成。但是地可以租，可以卖，可以种了庄稼卖粮食。同理，股权也可以卖，但是要卖得有价值，卖得有所得，才能真正发挥它的作用，才能使股权产生更大的价值。

每个公司都有两个产品，一个是小产品，一个是大产品。假设你的公司是生产电脑或者卖服装的，那么电脑或服装就是公司的小产品，公司的大产品就是公司的股权。

公司股权价值的大小取决于其产品是否做得好、卖得好。既然股权也能买卖，意味着股权是流动的，是可以通过价值的交换，达到我们想要的某项结果或者目标。

第二节　股权有哪些作用

一、股权质押

股权质押也属于股权融资的一个小范畴，当企业需要资金的时候，通过银行贷款的方式去贷款，银行往往需要你提供抵押物，而企业的股权可以作为抵押物向银行进行贷款，假如你的贷款无法还，这部分股权就要归属银行了。当然在这个抵押过程中，银行也会看公司的实际经营，以及公司产品的销售情况，它要确定你的股权是否有价值。

二、股权融资

股权融资简单来说就是拿股权去换钱，正面讲是指企业的股东愿意让出部分企业所有权，通过企业增资的方式引进新股东的融资方式。股权融资所获得的资金，企业无须还本付息，但新股东将与老股东同样分享企业的赢利与增长。股权融资方式主要有：

1. 风险投资

风险投资（VC）是指风险基金公司用他们筹集到的资金投入到他们认为可以赚钱的行业和产业的投资行为。风险投资基金投资的对象多为高风险的高科技创新企业，对风险项目的选择和决策会非常严谨。

2. 私募股权融资

私募股权融资（PE）是指融资人通过协商、招标等非社会公开方式，向特定投资人出售股权进行的融资。私募股权融资具有一些显著的特点：

- 在融资上，主要通过非公开方式面向少数机构投资者或个人募集，绝少涉及公开市场的操作；
- 权益型融资；
- 私营公司和非上市企业居多；
- 融资期限较长，一般可达 3 ~ 5 年或更长；
- 退出渠道多样化，等等。

3. 上市融资

中小板和创业板的出现为中小企业融资带来了新的希望，但企业上市是一个纷繁浩大的系统工程，需要企业提前一两年（甚至更长）做各项准备工作，也是一项专业性极强的工作，例如需要编写的各项文件资料就 40 种以上。所以按国际惯例，企业在股改上市过程中都需聘请专业的咨询机构帮忙运作。

以上任何一种股权融资方式的成功运用，都首先要求企业具备清晰的股权结构、完善的管理制度和优秀的管理团队等各项管理能力。所以，企业自身管理能力的提高将是各项融资准备工作的首要任务。

三、股权融智

股权融智，就是指企业的股东通过释放一定的股权，吸引优秀的人才，从而获得人才的智慧。

这里的人才一方面是指企业内部的核心人才，可以通过股权激励的方式，将核心人才与企业的发展进行长期的结合，使人才能够通过个人的努力，获得对应的股权收益。

另一方面是指企业外部的专家智者，他们在某一领域拥有很强的专业知识或者技能，而企业正好需要这方面的支持，由于专家的服务费用相对较高，企业为了降低现金的支出，同时也为了能够让专家为企业提供更优质的服务，可以通过股权运作的方式，让专家在公司持有一定的股权，用自己的智慧助推企业发展。

四、股权运作

很多企业做了十几年二十几年，公司的股权从来没有变化过，更有甚者，股权到底是什么都不清楚。老板就知道公司是我的，我挣不挣钱，挣了多少钱。我们一直都在用小产品挣钱，从来没想过如何将大产品发挥价值，通过大产品获得更高的收益。

上市公司的股票，就是股权的证券化，可以理解成拿出一部分股份变成小产品，这个产品就可以随时买卖了。

随着市场的推进，合伙时代的来临，企业面临着市场环境、经济环境、竞争对手等各方面的压力，企业如何让合作伙伴能够更紧密、更长久地与企业产生关系，如何让核心员工能够跟随企业成长，这一切都可以通过股权为纽带，打造企业的外部合伙人和内部合伙人，让企业的利益相关者都能和股权产生关系，带动企业的发展。如何让股权发挥出更有效的纽带作用，也属于股权运作的一种方式。

第三节　不同法律主体之间的区别与应用

一、个体工商

个体工商一般适用于单店的法律主体，个体工商户是从事工商业经营的自然人或家庭。自然人或以个人为单位，或以家庭为单位从事工商业经营，均为个体工商户。他们的债务，在个人经营的情况下，以个人财产承担；在家庭经营的情况下，以家庭财产承担。

因此，个体工商没有股东和股权之说，只有法定的经营者姓名，没有章程，只有营业执照。

二、个人独资企业

个人独资企业是指由一个自然人投资，全部资产为投资人所有的营利性经济组织。个人独资企业不具有法人资格，也无独立承担民事责任的能力。但个人独资企业是独立的民事主体，可以以自己的名义从事民事活动。

独资企业是指个人出资经营、归个人所有和控制、由个人承担经营风险和享有全部经营收益的企业，对企业债务负无限责任。当企业的资产不足以清偿其债务时，业主以其个人财产偿付企业债务。

目前这类企业在实际运用过程中比较少。

三、一人有限责任公司

一人有限责任公司，是由一个自然人或法人组织投资设立的有限责任公司（体现在自然人独资或者法人独资），一个自然人只能投资设立一个一人有限责任公司。公司不设股东会、董事会，公司全部事项由股东本人全权决定。债务承担时，由公司以注册资本为限承担。若股东本人不能证明公司财产独立于股东自己的财产的，应当对公司债务承担连带责任。在对外开展业务、实际运营上与普通有限责任公司相同。

一人有限责任公司与个人独资企业之间也是有区别的，如表 1－1 所示。

表 1－1　一人有限责任公司与个人独资企业的区别

形式	个人独资	一人有限责任
投资主体	只能是自然人	自然人和法人
法律形式	非法人组织，不具有法人资格，名称上不能称公司	民事主体，具有法人资格，名称上带有“有限责任公司”
设立条件	无法定注册资本最低限额要求，出资形式无强制规定	注册资本最低限额为 10 万元，股东以货币出资金额不得低于注册资本的 30%
投资者责任承担	以个人财产对企业债务承担无限责任	股东以认缴的出资额为限承担“有限责任”，仅在股东不能证明公司财产独立于股东自己的财产的情况下对公司债务承担连带责任

四、合伙企业

合伙企业是由两个或两个以上的自然人通过订立合伙协议，共同出资经营、共负盈亏、共担风险的企业组织形式。合伙企业分为普通合伙企业（其中包括特殊的普通合伙企业）和有限合伙企业，他们在很多地方都是有一定区别的，但是有几个关键点是需要区分的。具体如表1－2所示。

表1－2　普通合伙企业和有限合伙企业的重要区别

合伙形式	合伙人	承担责任	出资方式	其他
普通合伙	普通合伙人	承担无限责任	货币、实物、知识产权、土地使用权或者其他财产权利，劳务（人力资本）	不得额外从事与本普通合伙企业相竞争的业务，法律明确规定条款
有限合伙	普通合伙人，有限合伙人	普通合伙人承担无限责任 有限合伙人承担有限责任	货币、实物、知识产权、土地使用权或者其他财产权利，不得以劳务出资	可以从事与本有限合伙企业相竞争的业务，除非另有约定

现在有很多人创业，或者重新做一个新项目时，会考虑注册合伙企业的形式，而非公司的形式。合伙企业一般不要求注册资本，且没有公司章程，相对来说更便利一些。相对来说，关于合伙人的责权利没有固定的规章可依，只需要一个合伙人协议，但是协议里的内容，有哪些条款是必须写进去的，在《合伙人企业法》中有明确规定。

每个企业的情况不一样，合伙企业的签订没有什么标准的模板可依，主要是形式上、法律上的规定要有一些标准，其他的结合合伙人自身的情况来做约定。

近期帮客户审核了他们公司的合伙人协议，他们的协议整体非常完善，也比较全面，条款基本符合《合伙人企业法》的要求，但是有个别地方需要明确，如果忽视，以后产生问题也会比较麻烦。针对实际情况，分析一下关于合伙人协议相关的几个方面，以此为鉴，可以避免一些不必要的麻烦。

在协议中一定要体现“普通合伙”或“有限合伙”字样，如果没有，注册审批不下来。一般来说，合伙企业常用的是普通合伙的形式，有限合伙一般作为持股平台用得比较多。

普通合伙协议的内容必须列明的事项包括：

（1）合伙企业名称和主要经营场所地点。

（2）合伙目的和合伙经营范围。

（3）合伙人姓名或者名称、住所。

（4）合伙人出资方式、数额和缴付期限。

（5）利润分配、亏损分担方式。

（6）合伙事务的执行。

（7）入伙与退伙。

（8）争议解决办法。

（9）合伙企业的解散与清算。

（10）违约责任。

合伙企业与公司区别还在于，公司的利润分配及亏损分担常规是按照持股权的比例来分配，合伙企业则是按照合伙协议的约定，如果约定不明确，则协商，协商不成，则按实缴出资比例，无法确定出资比例的，则平均分配、分担。所以第五条利润分配、亏损分担方式一定要在协议中明确。

还有一点也是非常关键的，那就是合伙企业一定要有关键的决策者，针对重大事项发生的时候，当大家意见不统一的时候，应该听谁的。这个在协议中也是需要标明的，即对应上面第八条的争议解决办法。

五、公司制企业

公司（或称公司制企业）是指由两个以上投资人（自然人或法人）依法出资组建，有独立法人财产，自主经营，自负盈亏的法人企业。出资者按出资额对公司承担有限责任。

其主要形式分为有限责任公司和股份有限公司两种。

（1）有限责任公司，由2人及以上，50人以内，共同成立的法人主体，除股东出资外，具有一定的人合性，针对一些事项，可以根据公司的实际情况，由股东各方共同协商约定。比如持股权的比例与分红权、表决权可以不对等。股东的持股按照比例来显示对照。股东内部有优先认购权。

（2）股份有限公司，由发起人认购公司的全部股份而设立，或者以募集的方式设立，发起人认购一部分，其余向社会公开募集或者向特定对象募集而设立。股东以持有多少股本份额为标准，享受公司的股东权益。

（3）两者之间的区别，如表1－3所示。

表1－3　有限责任公司和股份有限公司的区别

公司性质	有限责任公司	股份制公司
设立时股东人数	2人以上，50人以内	2人以上，200人以内
股东的股权表现形式	权益总额不作等额划分，股东的股权是通过投资人所拥有的比例来表示的	公司的权益总额平均划分为相等的股份，股东的股权是用持有多少股份来表示的
股份转让限制不同	股东转让需经股东会通过，内部股东有优先受让权	可以发行股票，股票可以自由转让和交易
股东会表决权	按照出资比例行使表决权，但是公司章程可以另外约定其他情形	股东持有的股份，按每一股份对应一份表决权。无其他特别约定方式
董事会	3～13人组成，公司前期可以不设立董事会，以执行董事为准	5～19人组成，公司一成立必须设立董事会

第四节　一张表搞懂股权、股份、股票、期权、期股

股权、股份、股票、期权和期股这些词只差一个字，但是内容的差别却很大，如果我们用得不对，或者不合适，也会闹笑话。

1. 股权和股份的区别是什么

先举一个例子：如果 A、B、C 三个朋友合伙开餐馆，A 出 10 万元，B 和 C 各出 5 万元，那么 A 就占 50% 股权，B 和 C 各占 25% 股权。三人分别持有的股权主要表达了以下两种意义：

（1）表明三个人的分红权利。如果餐馆盈利了，A 可以分得利润的 50%，B 和 C 各 25%。

（2）表明三个人各自在公司里面发表意见的权利。A 说话的分量占 50%，B 和 C 说话的分量各占 25%。

通过这个案例我们不难看到，股权其实是指股东享受的权利。

无论是股权还是股份，都是基于公司这个企业法人的主体存在所描述的，重点对象在于股东，《中华人民共和国公司法》第四条股东权利指出："公司股东依法享有资产收益、参与重大决策和选择管理者等权利。"

但是股权和股份，到底有什么区别？

股权是针对有限责任公司来说的。在《公司法》所有的描述中，关于有限责任中出现的都是"股权"，而有限责任公司的股东持有的股权，主要以其认缴的出资额为限，所对应的是比例，比如张总持股 30%。

股份主要是针对股份公司、上市公司来说的。在《公司法》的所有描述中，关于股份有限公司中出现的都是"股份"，而股份对应的是股数，多少股。比如李总持有 300 万股。

虽然法律赋予他们的身份和享受的权利义务是同等的，但是对于使用上，主要区别就在于这个关键点。

这里会有一个衍生问题：为什么我们公司在做股权激励的时候，会说给员工多少股？

这个主要是我们为了方便计算和价值的体现，更多的非上市公司在进行股权激励时，会将公司的股权虚拟为股本多少股，比如某公司价值 1000 万元，设定总股本为 1000 万股，则股价为 1 元/股。

2. **什么是股票**

股票其实是针对股份制公司中对外发行的一种有价证券，是股东对该公司拥有所有权的凭证，也是股份公司为筹集资金而发行给各个股东作为持股凭证并借以取得股息和红利，可以在市场进行流通的票据。

每股股票都代表股东对企业拥有一个基本单位的所有权。每支股票的背后都会有一家上市公司。同时，每家上市公司都会发行股票。

所以很多时候我们如果进入证券市场进行股票的买卖时，当你买到哪个公司的股票，意味着你拥有了该公司的股东对应的所有权利。这种所有权是一种综合权利，如参加股东大会、投票表决、参与公司的重大决策、收取股息或分享红利等。只不过很多时候我们对这种股票的买进是持有一种投机的心理，希望能够尽早抛售，获得更高的利益而已。

3. **期权和期股的区别是什么**

这两个词主要来源于企业在针对核心员工做股权激励时的两种方式。总体来说，两者都属于限制性股权，就是员工在获得期权或者期股时，都有一定的要求和限制条件。我们在这里以雅各的故事来理解两者的区别：

雅各喜欢舅舅拉班家的小女儿，希望娶她为妻。舅舅说："你需要先给我家干活满 7 年，7 年后，我答应将女儿嫁给你。"于是雅各非常卖力地给拉班家干活。7 年到期，舅舅兑现承诺，让雅各迎娶他的女儿，结果洞房第二天，雅各发现他娶的是大女儿。于是质问舅舅，为什么不是小女儿？舅舅说家里的风俗是大女儿还没出嫁，小女儿不能出嫁，这样吧，你再给我干 7 年，我把小女儿嫁给你。雅各这次说，我可以给你干 7 年，但你得先把小女儿嫁给我。于是雅各娶了小女儿，并承诺再给舅舅家干 7 年。

这个故事中：

第一部分雅各娶舅舅家大女儿的时候，这个过程就相当于期权。

第二部分雅各娶舅舅家小女儿的时候，这个过程就相当于期股。

从专业的角度怎么来理解呢？

简单来说，期权是一种权利。期权更多的是一种约定，双方约定某人在某一特定日期或该日之前的任何时间以固定价格（或约定价格）购买公司的股票（股权）的权利，也包括售出一种资产的权利。在这期间你可以选择购买，也可以选择不买。就比如买期房，房子还没盖好，但是你买的价格偏低，交房后，可能房价已经增值了，你也可以在获得房产证时卖掉它，赚取差价。

期权的标的物比较广泛。一般是指选择购买或出售的资产。它包括股票、政府债券、货币、股票指数、商品期货等。期权是这些标的物"衍生"的，因此称衍生金融工具。在这里，我们主要解读的是基于股权激励的期权，在股权激励过程中，期权会涉及授予日、行权日、锁定期及解锁期。享受到股东的分红权、增值权和溢价权。

期股在股权激励的范畴中，我们可以把它理解成干股加期权，企业方先给予我们双方约定时间、行权条件等。

期股从定义上来讲是企业所有者向经营者提供激励的一种报酬制度，其实行的前提条件是公司制企业里的经营者必须购买本企业的相应股份。经营者需要出资，获得所有权、表决权和分红权等对应的权利。其中所有权是虚的，只有把购买期股的全部款项出资到位后才能实际拥有；其中分得的红利可以用来偿还期股。就是在实际操作中会让员工先拿一部分资金，剩余的购股资金用期股获得的分红进行分期偿还。这种方式一方面可以调动员工的积极性；另一方面可以缓解员工购股时的出资压力，也能很好地将员工与企业形成利益共同体。

期权在没有行权时，是不享受所获授股权对应的分红，只有已经行权的部分才可获得对应的分红。期股是在获受时就可以当年享受对应的分红，时间条件和考核条件都是要满足的。

4. 背后的逻辑和关系

通过以上解读，相信对股权、股份、股票、期权、期股都有了非常清晰的认识，只有我们清楚地理解这些词背后的逻辑、关系的时候，才能将他们用得其所，发挥他们最根本的价值，产生实际的效果。具体如表1－4所示。

表1－4　股权、股份、股票、期权、期股

名称	适用于公司	特点	对应人员
股权	有限责任公司	以百分比为单位，股东享受的企业所有权权利的呈现	创业者、投资者
股份	股份制公司	以股数为单位，股东享受的企业所有权权利的呈现	创业者、投资者
股票	股份制公司/上市公司	一种有价证券，代表拥有股东的权利，可以买卖	创业者、投资者、员工
期权	有限责任公司、股份制公司、上市公司	双方约定的一种权利，在一定的时间内，达成某项条件，按照一定的价格，进行购买	激励员工
期股	有限责任公司、股份制公司、上市公司	需要出资购买，可以先出一部分，剩余部分用分红进行偿还	激励员工

第五节　基于股权思维的合伙人体系

一、股权思维

合伙人是企业发展的必经之路，谁可以成为企业的合伙人，谁可以获得企业的股权，要先从股权思维来正确认识股权对于合伙人链接的应用。

股权思维是基于股权为纽带，以分享、共担、成就为关键词，企业通过使用股权中的某一项权利或某几项权利的组合，将企业发展需要的资源、资金、人才关联起来。

很多人不愿意释放公司的股权，公司经营多年，依然是一个股东，一是担心自己的企业成为别人的，失去控制权；二是无法驾驭更多的人。所以干来干去，感觉很累，公司的业绩却依然呈下滑趋势。

无论你的企业会对什么样的人群使用股权，老板本人首先要有开放的心态，愿意成就别人，愿意帮助别人，放大自己的格局。只有这样，才能真正将股权思维发挥出来，使股权的价值体现出来。

有一个小伙子，原来是做服装销售的，打了几年工后，想自己开店做生意。前期需要店面租金和进货资金 50 万元，这些年他的积蓄也不多，一下子拿不出这么多资金。在一次课程中有缘结识到股权老师，听完老师的股权课程，小伙子有了新的启发，他将自己的店重新做了规划。

- 与房东沟通，让出该店面 30% 的利润给房东，不支付房租；
- 与服装厂沟通，让出该店面 30% 的利润给服装厂，不支付进货费用；
- 自己只拿这个店 40% 的利润。

因为他有多年的经营经验，服装店很快就有了利润。常规的想法，我们开店就是拿自己的钱去开一家店，等挣够了第二家店的钱再去开第二家店，回头发现，干来干去，还是没挣钱，现金流都在账上。

这个小伙子在第一家店开起来后，便着手培养店长，经过半年的时间，培养了一名店长，可以独立负责店面的管理。他又用同样的方式开了第二家店，依次循环，很快就开了十家店，当他有十家店的时候，就相当于有十个 40%，你说他亏了吗？

这就是股权思维的运用，因为开一个单店需要注册的是个体工商，所以这个店从产权上来说依然是他的，他只不过是把店面60%的利润让渡出去，解决了自己开店资金的难题。

你想得越大，世界对你打开得就越大。企业做不大并不是因为市场环境不好、员工执行力不强，更多的时候是因为老板个人的梦想不够大，思维固化在原来的认知中无法自拔。先打开自己的思维，才能从本书中可应用的各种案例中真正吸收到精髓。

二、三类合伙对象

有了股权思维，有了对股权的认识，我们应该怎么去使用，寻找什么样的人成为我们的合伙对象。如何选择合伙人？什么样的人才是我们应该优先选择的合伙人？

任正非说："说不出自己功劳的人才是领袖。华为没一项产品是我研发的，没一个市场是我打下的，是华为的巴顿将军、朱可夫元帅们打下来的，他们有缺点，但他们是功臣，我也有缺点，还没有功劳，但我能用好他们，因为我善于妥协，对人能包容。"

我把合伙人分为三类，如图1－1所示。

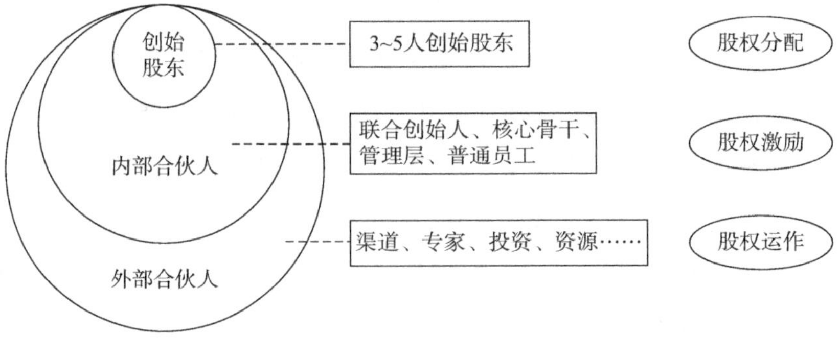

图1－1　三类合伙人

1. 创始合伙人

公司成立初期，几个人合伙共同创业，这种情况下，我们一般会选择自己认识的、熟悉的、了解的身边人作为合伙人，比如同学、同事、朋友、亲戚等。针对这类合伙人，在股权的使用上一般是股权设计，两个人怎么合伙，三个人怎么合伙，怎么通过股权设计规避合伙中的问题，避免因合伙不顺导致散伙。

2. 内部合伙人

公司发展过程中，离不开优秀的人，我们可以通过股权激励的方式将人才绑定，让核心骨干在企业发挥最大的才能，长期将这些优秀的人才留住。

3. 外部合伙人

一个企业的发展，除了人之外就是资金、资源、渠道、合作伙伴等。我们可以利用股权，让这些资金和资源成为我们重要的合作伙伴。

无论是哪类合伙人，旨在通过股权纽带，大家共同搭建一个平台。大家相互付出，彼此信任，共建、共担、共商、共享，才是合伙的根本。

三、创始合伙人的合作要点

一个企业的成立之初，首先要有企业的创始团队，这个时候的创始合伙人就是公司最重要的人员。他们由两个以上人员组成，或者是同学，或者是同事，或者是朋友。

这个坚实的后盾也是企业能够持续存在的关键。近几年我们也看到了很多散伙情况的发生。

被称为“互联网知识社群第一品牌”的《罗辑思维》的创办者罗

振宇和运营商申音友好地“分手”了。他们合伙时的股权结构是罗振宇不到18%的股权，申音占82%以上。两个人的分工是罗振宇负责内容输出，申音负责运营，上线仅半年就达到200万粉丝规模。我们不能去评判谁付出得多或者少，能在半年做到这样一个规模，肯定是合伙人双方都有付出，是两方结合的过程。但是企业是发展的，合伙人的能力、思想、对公司的贡献也是会发生变化的。其实这是一个动态关系，我们不能单一地仅从静态来看，不然就会出现最后散伙的情况。

曾经火热一时的西少爷肉夹馍也从我们的视线中逐渐退出，这也与他们合伙人之间的股权纷争有关系。四个合伙人孟兵、宋鑫、罗高景、李德忠，四人的股权比例分别为37.6%、28.2%、28.2%、6%。后来公司涉及投资机构进来，因为在投资细节涉及投票权的问题上产生纠纷，大家不能达成一致，而他们的股权结构中又没有控股股东，所以最终对簿公堂、不欢而散，从此江湖上再也没有西少爷肉夹馍的消息。很多时候合伙是可以共患难，但不能同富贵，没有控制权的创始团队，也会影响公司的发展。

还有我们熟知的雷士照明，同学三人合伙。1998年年底，吴长江出资45万元，他的另外两位同学杜刚与胡永宏各出资27.5万元，以100万元的注册资本在惠州创立了雷士照明，但是三个人的股权基本上是平分的情况。后来由于在公司是选择扩大发展，还是将利润分红方面产生不同的意见，吴长江与其余两位企业创始人爆发矛盾，在经过一番没有硝烟的战争后，胡永宏与杜刚退出公司。而后来的雷士照明因为控制权没有设置好，在一些资本的进入过程中，吴长江也多次被赶出公司。

除此之外，我们的身边也能遇到很多合伙并不成功的案例，要么大家不欢而散，要么合伙人对簿公堂，最终的结果无论是对公司，还是对原来合伙前的朋友、同事、同学关系都造成极大的伤害，有的甚至变成了敌人，老死不相往来。其实这些结果并不是我们当初创业时想要的结局。我们怀着美好的期待成立公司，希望能够携手共建未来，无奈股权的设置成了我们发展路上的坑。对于创始合伙人来说，合伙的要点要从以下几个方面考虑：

1. 在合伙人的选择上，我们一定要选择志同道合、有同样价值观的人

其实人是核心之一，有时候股权分好了，人没有选好，结果也会不同，因此选择适合自己的合伙人很重要。在合伙人的选择上，我们一定要选择志同道合、有同样价值观的人，可以接受创业的风险和不确定性，长期利益不含糊，短期利益不纠结。能力互补，强弱对等，各自都可独当一面，少他一个，创始团队其他人就会抓瞎。相互之间能够产生共情，可以在至暗时刻相互理解支持，危难时刻情感上不拆台，行动上不掉链子。

2. 杜绝股权平分

股权平分最容易造成的结果就是股东僵局。当我们在经营过程中遇到一些问题，如果产生意见不一致的情况，能够达到多数一致是可以解决的，最怕的是各占一半，这种情况下，如果处理不好，不仅合伙人之间会产生矛盾和隔阂，还会因无法快速做出决策，影响公司业务的推进。

3. 公司要有一个带头人

带头人的股权至少要做到相对控股，可以快速决策，及时推动公司的发展。有一个大家都信服的大股东作为牵头人，他是公司决策的中心，对公司承担最大的责任；另外搭配几个占股权 30% 以内、与大股东有互补能力和资源的合伙股东，能发出跟大股东不同的声音，对公司有一定的影响力，其他合伙人之间形成互补。基于这样的模式，既保持有不同的意见，又有人拍板和承担责任，可以为公司良性发展提供好的环境。

4. 提前约定好合伙人股权退出机制

创业公司的发展过程中总是会遇到核心人员的波动，特别是已经持有公司股权的合伙人退出团队，那么如何处理合伙人手里的股份，才能避免因合伙人股权问题影响公司正常经营？方法是提前设定好股权退出机制，约定好在什么阶段合伙人退出公司后，要退回的股权和退回形式。创业公司的股权价值是所有合伙人持续长期地服务于公司赚取的，当合伙人退出公司后，其所持的股权应该按照一定的形式退出。一方面对于继续在公司里做事的其他合伙人更公平；另一方面也便于公司的持续稳定发展。

5. 适当考虑动态机制

有时候项目发展不明朗，对于每个合伙人的能力和贡献，在合伙初期也不能很好地确定谁的贡献会更大，可以提前对未来做一个预期，提前设置一定的股权动态机制，能够根据合伙人的贡献进行股权的匹配，也有利于大家的共同合作。

6. 一定要考虑控制权的问题

往往很多公司产生的矛盾和遇到投资人参与的失败，离不开控制权设计的缺失。控制权是创业者对公司的发展的核心，避免投资人进来之后，创始团队失去控制权，从而丧失公司的初心。就像阿里巴巴的合伙人体系，京东的 AB 股设置，都是对控制权的考虑。

创始合伙人之间的合伙，除了股权要设计好、考虑人的因素外，更多是基于合伙的一种公平、公正的角度去制定规则。先小人后君子，才能合伙长久。中国人喜欢先讲兄弟感情，等到出现问题时，再来讲规则，这个时候规则一点用也没有。如果能够提前定好规则，无论从以上哪个方面出发，以后出现问题就按规则解决，即使散伙，也不影响兄弟感情。

四、外部合伙人的合作要点

外部合伙人实际上是企业发展的添加剂，可以给企业带来一定的色彩或者甜味，可以在一定情况下推动企业的发展，或者说帮助企业解决一定的资金或者资源等问题，通过资源的对接能够快速带来业务的发展。同时也会借助一定的资源渠道，快速推动企业的裂变和发展。一般来说，外部合伙人的合作要点有以下几个方面：

1. 明确合伙人的身份

所谓的身份明确，是指要结合对方的股东身份和对方参与项目的目的，确定参与公司的合伙人属于什么角色，角色的背后就是责权利的匹配。同时也决定了与其合伙过程中如何进行相关的约束机制，以及进退的方式。

2. 选择合伙理想一致的人

一般来说，针对外部合伙人的基本原则是：不参与公司具体的运营和管理，对公司有知情权和建议权，不过多干涉创业团队的决策。出大钱占小股，真金白银换股权，创业者出小钱占大股。尊重创业者的人才价值。

比如某项目主体公司注册资本 100 万元，因项目发展良好，需要引入更多的资源，这时 A 说给你投资 50 万元，占 50% 的股权。像 A 的这种理念认识还停留在出多少钱占多少股的阶段，如果项目方与 A 不能通过沟通达成“投资人投大钱占小股，创业者投小钱占大股”的理念，不能认同人才对于项目发展的重要性，而仅仅停留在钱的角度，这种情况下，我不建议与此类人合伙。钱可以找，但是理念不同，会在后期带来很大麻烦，有时候对于创业项目来说可能是致命的。

3. 在设定合伙规则时要基于项目创始团队的需求、合伙人自身的需求去考虑，而不是单一的某一方面

结合外部合伙人的自身条件是提供资金、资源还是技术。在针对外部合伙人的设置上，比如估值、出资、约定方式等，要在同一时间段内约定一致。而不是针对 A 提出一种合伙方式，针对 B 提出另外一种合伙方式。只选择适合和遵守同一规则的人，而不是针对每一个制定不同的规则。

4. 约束与退出机制是关键

约束一方面是让项目方能够及时获得外部合伙人的实际支持；另一方面也是保障双方在出现合伙问题时能够有合理的解决预案。在与外部合伙人合作的过程中，会涉及出资怎么出、资源如何给到位、技术怎么体现价值、提供的服务怎么兑现等，这些必然和股权的价值相匹配，因此要在双方合伙的过程中，提前谈好怎么针对这些合伙的问题进行约束，避免股权给出去，钱和资源等没给到位。而退出的机制让合伙人有安全感，同时也是对创始项目股权的保护，股权是给予有价值的人，当合伙人选择离开时，一定要收回股权。双方就需要提前商定退出时股权的价格。

5. 先协议，后工商

在实际操作中，很多创业者会因急于获得对方的资金或者资源，先将股权通过工商变更到位，最后却发现合伙人出资不到位或者不再按约定出资，资源方将资源进行了多方的利用，类似这种情况很多。由于股权先于资金或者资源进行了工商变更，创业者最后不仅没得到应得的，股权在洽谈回收的过程中还遇到重重障碍，要么对方不管不顾，要么对方只是口头答应，就是不去办理工商变更，结果在项目需要进行下一轮融资时，因为股权的问题遭到阻碍。所以双方谈好后，可以先签协议，约定股权在一定周期之后再进行工商变更。

五、内部合伙人的合作要点

企业的内部合伙人，其实更多的是企业内部的核心员工，通过股权激励的方式，使员工成为公司的合伙人，能够以自主的方式参与公司的经营。

老板要有格局。我们在做咨询的过程中也遇到很多的企业老板，说要做股权激励，但是从说到实际执行，这个过程会持续很久，有的是一年、两年，甚至三四年。并不是说企业的情况达不到实施的条件，关键在于老板自己没有想好，担心很多问题：

- 比如钱给员工分多了，股权给出去了，没达到目的怎么办；
- 如果做了股权激励，企业利润就要公开给入股的管理者，老板担心某些管理者经常和大客户打交道，会不会不小心告知了企业的真实利润；
- 当客户知道自己企业有这么高利润时，就会要求降价，这样公司的利润就会直接受到影响；
- 企业利润每年都在增长，老板担心做了股权激励后，管理者会不会躺在股权里反而不作为了；
- 担心控制权。

股权激励是一项长期的激励机制，而且针对的激励对象是企业的员工，同时也是企业通过股权为纽带，建立企业内部的合伙人机制，打造一种共创、共建、共商、共享的合伙人理念。从内部合伙的角度来看，能不能成功实施，只有两个关键点：

1. 双方的信任

（1）员工对企业的信任，包括对老板的信任。员工是否对企业的前景充满希望，是否对公司的未来有信心；是否认可老板的为人，觉得老板值得信赖，愿意跟随。股权激励不是万能的，它不能解决所有问题，企业还是需要有一定的基本面。

（2）老板对自己企业的信任，对员工的信任。老板是否对企业的前景充满信心，有没有将这种信心传递给员工。平常的工作管理中，对员工的任命、授权等是否做到信任，还是什么事都自己干，从来不在意员工怎么看。

双方的信任是内部合伙人建设的基础，如果不能正确认识这一点，公司的内部合伙人机制是很难建立的，有可能通过股权激励，在前一两年，因为能产生利润，而使员工有很大的发展，但是并不能持久。

2. 老板是否真舍得分

打造内部合伙人机制，其实就是将原来老板100%的股权，拿出一部分给核心的人才。就跟地主割出一块地分给自己家的长工一样，老板是真舍得，还是为了利益的一己私心，这个非常重要。

老板有没有决心？不怕没决心，大不了不做；最怕“伪决心”，半途而废！这将是企业信用在员工心中的又一次破产，而且是严重破产。

比如当企业实施股权激励后，当年出现业绩翻一番，结果老板感觉给员工的分红有些多，就将分红以各种理由进行打折，这种情况会严重损害老板在员工心中的信任。其结果就是，员工要么以后应付差事，要么真正的能人会很快离开。

只要以上两点能达成，对于老板担心的那些问题，本质上是股权激励中激励与约束如何统一的问题。股权激励尽管是一种激励行为，但一定有相对应的约束条件。没有约束的激励结果一定是“股散人财两不聚”。所以在制定方案时，明确好相对应的约束条件，是可以避免和解决这些问题的。

学会利用股权思维，成就别人亦成就自己。老板的小舍决定老板的大得。

第六节　周莹如何通过股权运作做到秦商首富

电视剧《那年花开月正圆》，主要讲述了清末时期陕西泾阳吴家东院的寡妇周莹如何成为秦商首富的故事。通过电视剧我们了解到女主角周莹如何努力地为吴家赚取银子，把吴家的产业发扬光大。每个人看此剧的关注点不同，有的人是为了学习如何经商，有的人是为了看孙俪，有的人是为了看故事。我看此剧却是为了研究其中的股权。

从电视剧播出来看，周莹的成功可以归结为以下几点：

（1）见多识广，敢为天下先。

（2）有聪明的经商头脑，而且不按常理出牌。

（3）诚信为本，重视雇主品牌形象。

（4）懂得利用坏事变好事的方式，收拢人心。

（5）有多个优秀的男士用心地帮助、支持。

（6）坚守底线，有所为有所不为。

在我看来这些都是表象，从专业的角度来分析，周莹真正成功的背后靠的是什么？真相其实就两个字："股权"，在秦商时代称为银股。

股权的作用是什么？融人、融钱、融智、融资源，对外吸引资金、资源，对内激励员工。周莹在经商发展的过程中，在以下几个方面将股权的作用发挥得淋漓尽致。

一、股权借力，吴家三院合股

虽然周莹通过商业规律知道棉花的行情肯定有大小年之分，提前预定棉农手中的棉花，用四千两银子翻了两番。但是她非常清楚地知道，如果单独靠她一个人的力量，是很难继续前行的。她看到自己做棉花生意只赚了两成，而棉花纺成纱再织成布，布匹利润更高。于是便想到借助外部的力量，也需要合作伙伴，希望整合吴家中院和西院共同来做布匹生意，形成从棉花到成品布的销售一条龙。

周莹利用吴太太的生日，将中院、西院邀请过来，给小朋友的红包一出手就是 100 两银子，为的就是让大家看到她出手大方，能更好地说服三家合股，最终中院和西院看到周莹的能力，放心让周莹来做吴家大当家。这也验证了合伙人股权设计中，一定要有一个带头老大的原则。

二、股权收心，土匪变成合伙人

周莹的成功不仅仅缘于她的商业思维，更重要的还在于她懂人心，能够很好地抓住时机，利用股权将人才纳为己用。在她被土匪韩三春绑架的过程中，她了解到韩三春这个人的出身、人品及他的做事风格，及时判断出韩三春是个人才，也是一个好人，只是为了生存不得已从匪。于是她先是用完美的演讲刺激了韩三春的痛点，然后再用吴家所有生意的二成股份来吸引他，最后通过说服千红（她懂千红的需求，所以她能给到她想要的），让千红说服韩三春投诚，最终达到成功将韩三春从土匪变成自己合伙人的目的。

最重要的是她不是用嘴说说，而是在被救出来的当时，就要求王管家回去办理契约手续，将答应给韩三春的二成股份变成具有法律依据的协议。周莹这种说到做到，不失信于人的风格值得当下多数老板学习。很多企业在用到朋友、员工等资源时承诺股份，最终却又毁约，或者说只是口头约定，也就造就了各种官司。任何不能形成书面文字的约定，都是空口承诺。

三、股权激励，融钱融人

陕西机器织布局被砸后，周莹想重建织布局，需要十万两银子，这个时候吴家中院和西院看到周莹的坚持，绝然地选择了退股，他们不想再让自己家的银子有什么损失。可是周莹内心对未来商业的规划、坚定的信念支撑着她必须重建机器织布局。这么多银子怎么去筹，那个时候也没有银行贷款。最终她想到了让家里的老妈子、丫鬟、小厮、各商行的掌柜、伙计等人入股。刚开始，除了她身边的丫鬟、王世均等几个人外，其他人都不愿意拿出自己的银子认股。她了解到大家还是担心自己的银子打了水漂，于是她承诺若有损失由她来承担，最终以吴家大大小小的物品作为抵押才消除了大家的顾虑。这相当于实股方式的股权激励，同时对于参与的员工也有保障，不会因为公司亏损而亏损。

周莹把吴家东院的茶商行、盐商行、布匹行等分别进行了作价，然后拿出其中的50%由家里的下人和店里的掌柜、伙计等进行认股，每人都可以认股。最终不但解决了机器织布局重建银子的问题，同时还大大激发了店里伙计的动力。

有三个场景特别鲜明地展示了股权激励后的威力。

（1）吴家西院的茶商行里生意清淡，掌柜睡觉，而对面吴家门前生意火爆，吆喝声四起。

（2）西院的孟掌柜辞号后去了东院，而且东院那边给的工钱仅是原来西院的八成，但是孟掌柜在东院认购了股份，可以有分红收益。虽然工资低，也挡不住去求职的决心。

（3）西院十年的老客户都被东院截和了。

当西院二叔去找周莹说理时，周莹说："他们每卖出十两银子，就有五两银子是他们的，有时候他们的做法我都看不下去了。"这说明什么，说明了这些伙计们都是在为自己干，挣的银子一半是东家的，一半是自己的，谁不好好干，生意自然红火。

最终通过股权激励，不但解决了资金的问题，解决了人的动力问题，还让中院、西院两家又要合股进来，一举三得。

综上所述，周莹之所以能够成为清末女首富，是因为她懂得如何利用自己手中股权这张牌，赢得市场、赢得人才、赢得资金。有时候并不是我们没有牌，而是我们不懂得如何利用自己的牌将牌局扳到对自己有利的局面。

田忌赛马的故事告诉我们，如何善用自己的长处去对付对手的短处，从而在竞技中获胜。商场如战场，对于企业来说，我们什么都没有的时候至少还有股权，如何利用好自己手中的这张股权牌，打好商场这个战争，让自己的企业在行业中立于不败之地，就看你懂不懂得像周莹一样，在最困难的时候，能用股权一次次起死回生。

股权，只要你会用，你也可以像周莹一样。

第二章

开启正确的合伙方式

第一节　正确合伙五步法

企业无论大小，只要想发展，就离不开股权。越来越多的人意识到股权的重要性，也意识到对于合伙人之间股权分配的重要性。很多人都参与到股权学习的队伍中。对于合伙来说，股权分配只是其中的一个环节，虽然比较重要，但是如果合伙的顺序颠倒了，一样会出现坏的结果。那我们应该怎么进行股权设计呢？我们应该怎么合伙呢？**正确的合伙应该是以下五步：**

一、确定公司主体、性质、类型

大部分人在成立公司之初基本上没怎么考虑，直接就进行了工商注册。而实际上，我们应该首先了解为什么要成立公司，主要从事哪方面的经营，做一件什么事情，这件事情未来怎么发展，会有哪些问题，需要怎么规避，等等。

公司的主体一般有：个体工商、有限责任公司、股份制公司、合伙企业等。

我们应该选择什么性质的公司作为我们的运作主体，直接决定了我们未来发展的速度，决定了我们能否有效地规避一些风险。

有限责任公司目前来说还是以资合制为主，而在当前的合伙人时代，未来企业的经营模式应该是越来越趋向于人合制。

股权的分配只是一个载体，更多的是怎么谈好合适的激励分配机制。

选择公司的主体，另一方面还在于公司的战略规划往哪个方向发展，是否需要考虑顶层设计的问题，以及过程中考虑合理节税及控制权的问题，这些都需要结合公司的性质，在不同的层面运用以取得有效的结果。

二、确定合伙人、股东及进退机制

1. 股东人数

是 1 个人、2 个人，还是 30 个人，不同人数的股权设计是不一样的，股东人数也决定了你是否需要成立持股平台，哪些人要进入工商登记，哪些人是不需要进入工商登记的。

2. 股东类型

股东的类型决定股东的退出机制，以及股东参与的周期长短。比如股东可以分为长期股东、中期股东、短期股东，还可以分为资源型股东、资金型股东、人力型股东等。

不同的股东类型，会对创始项目所涉及的创始合伙人、内部合伙人、外部合伙人等不同层面的合伙人，在合伙过程中涉及的合伙方式、权责利的设计，都会产生不同的规则。无论哪个层面，股东参与的方式与程度，可以总结为以下几个维度不同的股东类型，如表 2－1 所示。

表 2－1　股东类型

分类维度	股东类型		
按时间分	长期股东	中期股东	短期股东
按投入分	全职	兼职	不参与
按资源分	实资源 （有形资源）	虚资源 （无形资源）	没资源
按资金分	出钱	不出钱	出钱
按贡献分	创始股东	新股东	新股东
按责任分	兜底	不兜底	不兜底

续表

分类维度	股东类型		
按身份分	显性股东	隐性股东	隐性或显性股东
按需求分	战略投资	财务投资	财务投资

股东的类型对于股权分配比例起着非常重要的作用，不同类型的股东进入的价格及退出机制也是不一样的。比如投资又参与经营的属于长期股东，可以按照 1 元/股的价格进入；投资不参与经营的短期股东可以按照 2 元/股的价格进入，依次类推。

退出机制也非常重要，需要慎重考虑。股权是企业的重要产品，代表了公司的价值，也需要给更重要的人，企业发展过程中越来越需要更优秀的人进入，因此股权要做成动态的，有进入有退出。

3. 判定股东的类型

长期股东、中期股东和短期股东，一般是指参与公司的股东是长期持有公司的股权，还是在某一个阶段会选择退出。比如针对一些资源或者资金型的外部合伙人股东，他们一般会考虑利益问题，会有一定的参与周期，就意味着他们是比较短期的。如果是创业者本身或者公司内部核心人才成为公司的股东，一定是长期股东，因为他们是希望将公司长期做大做强的。

针对不同类型的股东在参与项目的过程中，一是要结合项目对不同类型股东的需求；二是要结合参与项目股东的需求，再进行对应的股权等相关规则的设计。比如有些股东的身份比较特殊，不方便显示在工商登记中，那么他就属于隐性股东，这种类型的股东除了其他规则约定之外，我们还要考虑与其签订《股权代持协议》，从而在隐名过程中也能保证双方的权利和义务。

以上这些股东的维度，其实都不是单一于某个点存在的，一般都是多个维度的结合。

比如本书第五章第一节中提到的资源股东，虽然对方是资源型为主，但是他也会出资金，同时也属于不参与管理的股东类型。但是无论哪一维度，其实都有一个主线。

比如张三想对李四的公司进行投资，出资 100 万元，占股 10%，实际出钱，但是他有自己的公司，不参与具体的事务管理，同时他自身的一些资源也可以对接给李四，而且不想自己损失太多。双方约定张三作为投资人，投资周期为三年，三年之后可以退出。这种情况下，张三属于出钱的资金型股东，按时间属于短期，按投入是不参与管理，按贡献属于新股东，按责任属于不兜底。多个维度都在张三的角色当中，但是主维度是资金型的投资人股东，其他是基于这个维度而产生的附带因素匹配。

比如小王在蓝天公司任职营销总监，工作了五年，表现优秀，公司在做股权激励的时候，小王成为激励对象。根据公司的整体激励方案，小王获授的股权是 20 万股，需要出资 20 万元。方案还约定小王要三年行权，两年解锁，包括以后小王退休后股权的处理也约定在内。这种情况下，公司对于小王的激励，是将小王纳入公司的内部合伙人体系，是基于公司的未来发展做出的长期规划。主维度属于长期的全职股东，其他维度也要出资，等到条件达到时可以变成显名股东，属于公司的新股东。

当你的公司在招募合伙人时，无论从哪个方向，都可以先根据这个合伙人的情况，来确定他属于哪一类合伙人，属于哪个类型的股东，主维度是什么定位，再来进行对应股东等相关规则的制定。

4. 如何设定股东的进入价格

基本原则：**在时间和投入维度里越高的人，价格越低；在资源、资金维度里越高的人，价格越高。**

因为企业的发展和最终的成就，关键在于创始团队、核心管理人员的付出，他们参与的行为更注重怎么把事做好，所以对于越是将时间和精力放在这里的人，越要尊重对方的人力资本价值，股权的使用以留住核心人才为根本，通过合伙共同创造更高的价值，所以价格不宜太高。对于出钱或者资源的股东来说，一般是基于利益的考虑，从投资角度，他们会看投资回报率，他们的参与更重要的是怎么赚取更多的收益。

在定价上没有一个绝对的标准，在以上原则中，根据公司对合伙人的需要，结合股东的维度，以公司的实际情况和发展阶段，确定合理的估值，达到双方之间利益诉求的匹配即可。

如果我们按照合伙人体系去划分，可以这样考虑，创始团队的股东不存在价格的问题，他们属于兜底且干活的长期股东，所以可以以他们为基准，设为基础价值。如果公司按照 100 万元来算，创始股东为 1 元/股。

外部合伙人一般都属于资源或者资金方，都不参与事情的具体运营和管理。属于不干活类别的股东，有的是长期参与，有的是短期，还有的是中期，可以根据他们的周期时间，时间越长价格越低，时间越短价格越高。价格可以考虑为 2 ~ 8 元/股。也可以理解成公司的原始估值为 100 万元，外部合伙人进入时，估值按照原始 2 ~ 8 倍来计算，具体要看行业、看公司的项目发展阶段等。这些数字都只能做一个参考，不同行业、不同公司的实际情况不同，重点是你怎么给你的公司估值，这个估值最终是否符合双方的心理预期。

对于内部合伙人，也就是公司的核心人才来说，他们属于干活、长期的股东，会出资或者不会出资，可能有的人本身还没有太多资本。这类合伙人重在激励，使得他们能够更好地为公司的发展做贡献，共同做大公司。一般来说，在确定公司的估值后，不建议太高，可以在公司评估的基础估值上下浮动，公司的创始股东同意即可。

5. 股东的退出机制

很多人在合伙过程中，都是直截了当地说，咱们干吧，你拿多少股权，出不出钱，出多少钱，却很少有人会先谈怎么退出的问题。

一家化工企业，三个人合伙，大家是同学、发小的关系，当时的持股权的比例是32%、32%、36%，持股36%的这个人担任法定代表人，所以多拿了4%。先不说股权结构的问题，两年后，其中持股36%的这个人感觉自己付出得特别多，没得到什么回报，其他两个人反而觉得他的思考方式不同，大家在经营中出现了分歧，最后闹僵了。好在这个36%的合伙人最后选择了退出，也同意将自己的股权退出来。原来他出资30万元，现在要求退出的时候按照80万元来购买他的股权，如果其他合伙人不同意，他就将自己的股权卖给竞争对手。另外两个合伙人不愿意给他这么多钱，大家始终没有达成一致，准备走法律途径。

张总的公司是一家做高科技的公司，公司前期做了股权激励，当时公司正处于发展阶段，员工按照内部股价2元/股购买的。其中一个员工购买了10万股，出资20万元。因为公司的方案是自己的人事部负责制定的，只是设定了股权的价格，员工的出资，还进行了工商的股权变更。后来公司发展很快，有一家风投机构看中了这家企业，估值1亿元，计划出资1000万元，占股10%。这期间，该员工要离职，要求公司按照1亿元的估值回购他持有的股权。张总觉得这样很不合适，但是因为没有提前约定。如果不回购，员工离职，带着股权走也会给公司带来影响。如果回购，这个价格又太高了。如果不按这个价格，员工准备起诉公司，一旦走法律程序，由此可能会影响公司的融资进程及下一步的资本市场的推进。

无论我们用什么方式合伙，一定要先小人后君子，把丑话说在前头，先谈规则，再谈感情。很多时候没有提前约定的问题，等到事情发生后再去处理，就会比较麻烦。

合伙人退出的方式主要从以下几个方面来考虑：

（1）在职合伙人

一般会从该合伙人的离职、劳动合同到期不续约、辞退等涉及工作方面的事宜考虑，无论是合伙人主动离职，还是被动离职，一旦合伙人不在公司任职，退出公司时，其对应的股权就需要收回。还会涉及违反公司的管理制度、国家的法律法规等方面的红线，一旦触发，合伙人就需要退出公司，其对应的股权也要由其他股东收回。

（2）非在职合伙人

非在职合伙人一般以外部合伙人居多，这类合伙人比较关注的是投资收益，因此更需要提前约定股权的退出机制。常见的是期满退出，主要涉及投资周期或者合作周期的问题，按照时间节点约定好退出方式，一般是遵从双方投资合作协议的约定；也要约定外部合伙人因违约、违法或者违反国家法律法规方面的退出方式，比如双方约定外部合伙人不能从事同行业其他项目的投资，一旦参与就要退出本项目的合作，由项目方股东按照约定的价格收回其持有的股份。

（3）长期合伙人

除了上面涉及的相关方面，有时候还需要考虑到对方因离婚、死亡涉及财产被继承时，股权的退出方式。按照实际操作，一般就是财产分割或者继承时，分割方或继承方不持有股权，由合伙人本人或公司其他股东以约定的价格，给予合伙人的爱人或者继承者经济上的补偿。当然也可以约定如果继承方经股东一致认同，符合股东资格，也可以直接继承股权。

（4）退出价格

无论哪种方式的退出，最核心的就在于退出时股权对应的价格。涉及公司的估值，以及项目未来的发展方面，是否会融资，是否会有资本的对接，还是常规的经营利润。退出方式的不同，对应的退出价格也会有所不同。基本原则是，正常的退出，合伙人会无损失或者享受到对应的股权溢价收益。非常退出（违法、违纪、违约、红线触发等），合伙人股权的价格就要受到影响，如果因此对公司造成经济损失，还应该赔偿损失。

在退出价格上对应公司估值可以参照以下几个方式：

- 按照公司内部估值，由股东之间进行协商确定；
- 按照公司 2 ~ 3 年的净利润或者销售额、净资产（或者原始数据，或一定的倍数）；
- 按照公司近一轮融资估值或者被并购时估值的一定百分比；
- 按照第三方专业评估公司做出的估价；
- 按照公司上市时股票发行价格的一定百分比；
- 按照合伙人原始出资额或原始出资额的一定倍数。

具体设计时，要结合项目的情况、股东的情况及双方的考虑等来使用，并没有绝对完美的答案，关键在于项目方与合伙人各方相互认同，达成一致即可。最关键的一点在于无论用哪种方式，一定要提前约定。

三、确定股权的比例

这是合伙过程中最关键也是必不可少的一步，直接决定了企业是否可以长久的发展。太多的人因为股权分配不当，最终走向散伙。

1. 股权分配的基本原则

- 杜绝均分。均分容易引起股东僵局，造成因股东僵持，导致业务停滞不前，最终散伙；
- 要有带头人。带头人是一个企业的领航者，起到指明灯的作用。能否选出合适的企业领航者，也决定了企业是否可以走得更顺畅；
- 要有创业者的基因。规避因对外融资股权稀释，创业者的话语权被投资人拿去，从而为了资本红利，把企业变成赚钱的机器，失去企业真正的意义和价值。

2. 股权比例的设置

在合伙人的股权比例上，首先要以带头人为核心，持有绝对或相对控股以上的比例，比如持股 51% 或 67%。具体的比例设置上，要结合股东的人数，各自的分工、贡献及出资等。

一般来说，应避免如下股权结构：

均分式：50%：50%，33%：33%：34%，25%：25%：25%：25%

博弈式：65%：35%，49%：47%：4%

一股独大：98%：2%，95%：2%：2%：1%

均分式容易造成股东僵局的无解，博弈式主要是小股东与大股东之间的博弈，也会带来股东之间的内斗、争权。对于很多小股东来说，一股独大，觉得大股东不够义气，2% 或者 1% 的股权没感觉，没有归属感和认同感。小股东容易把自己当成打工的，失去了合伙的意义。

相对合理的股权架构应遵循“老大清晰，决策高效”的原则，比如 70%：30%，80%：20%，60%：30%：10%，或者 70%：20%：5%：5%。

优质的股权结构，能够降低股东之间的沟通成本，避免内部的管理矛盾，使公司在发展过程中快速决策，推动业务的增长。

有可能企业在发展中还会引入员工激励或者外部资源、资金等的合伙人。或者我们可以提前预见留 10% ~20% 的员工期权池，作为后续的员工激励。或者有些创始人在项目启动初期只有他一个人，在后期又引进了核心的合伙人，释放一部分股权。这种情况下，一般建议股权结构如下：

67%：18%：15%，项目前期，只有一个核心大股东，能力非常强，做了很多项目的启动工作，后期引入了联合创始人，释放 18% 给联合创始人，预留 15% 作为员工的激励股。这种情况下，大股东绝对控股，能够高效决策，即使引入了 3 ~4 个联合创始人，也不不会带来很大的影响。

34%：20%：16%：15%：15%，核心大股东有一票否决权，但其他三个合伙人加起来持股51%，大于大股东的持股比例。这种情况下，大家要互相尊重、支持，保持合伙人意见的一致性。既避免了大股东的一言堂，也能让合伙人之间相互制约，齐心合力才能更好地发展。在未来引入外部资本前，可以四个合伙人共同形成一致行动人，以保证公司整体创业团队的控制权。预留15%作为员工的激励股，在后期实施员工激励时，可以先不用稀释合伙人的股权。

股权比例的设置，没有绝对性，以上比例的分配，也仅作为一种参考，全体股东都一致认同的股权结构就是最合适的股权架构。具体的设计中，既要考虑股权分配的基本原则，也要结合公司的项目、业务模式、合伙人的实际情况、公司未来的发展规划等，进行股权架构的设置。

3. 创业投资的基本原理

- 投资人投大钱占小股，真金白银换股份；
- 创业者投小钱占大股，用工作赚取股份。

这部分内容在第一章第五节已经讲述，在此不再赘述。

四、签署相关协议

一个合伙成功的企业，一定离不开一套正规的法律协议。前面讲到的不同股东的进入价格及退出机制不同，像这些对应的约定必须要形成方案，全体股东一致签字同意方可有效。常规的注册公司只有一个公司章程，但是公司章程只能约定大面上的《公司法》规定的内容，其他私自约定的内容很多是无法放入章程的。这个时候就需要我们必须签订合伙人之间的《股东协议》，将相关的条款约束进去，明确各自的责权利、对应的分配方式、退出机制，最后全体股东在《股东协议》上签字确认（包括隐性股东）。

根据企业的合伙人数、股东情况等方面，一般需要涉及的相关协议有以下几个：

- 《合伙人股东协议》；
- 《一致行动人协议》；
- 《股权代持协议》；
- 《委托投票权》；
- 《有限合伙协议》。

这些协议会在本书最后附录部分给出一些相关范本，仅供参考。

五、工商注册

公司成立最直接的体现就是工商登记注册，颁发营业执照，证明企业是属于合法经营的。因此在前面四步全部确认的基础上，最终进行工商登记。

我们发现，很多人在合伙的时候，常犯的错误是：

1. 先工商登记再谈股权分配和股东进入退出机制，本末倒置

在实际咨询的过程中，遇到很多合伙的情况就是合伙人之间股权已经进行了工商登记，却没有进行任何的约定。有的说，我们先干起来，等以后干好了再重新分股权；有的说，我们内部有口头约定；还有的说合伙人是我多年的朋友，说好了钱很快就投进来，我先进行工商变更。这就导致很多股东之间扯皮的问题，甚至出现工商变更了，投资人并没有把钱实际投进来；或者大家磨合一段时间后，发现不合适，其中一方又不愿意退出；或者有的人甚至等到要退出的时候，你再也联系不上他，从而影响了公司的发展和融资进程。

2. 只考虑股权设计，而不考虑合伙过程其他规则的设计及合伙的顺序

我们会遇到很多人合伙，大家也会考虑股权比例、控制权等，但是最终只是确定了一个股权比例，其他诸如是否需要签协议，是否要将股东分类，是否要约定进退机制并没有考虑。

3. 股东不分类型，统一标准

在这点上，很多人合伙最常见的方式就是出资多少就占多少股权，从不考虑股东属于哪个类型。就像本书第四章第二节案例中的孟青，既没有考虑自己项目中股东的贡献，也没有思考老大哥在合伙中属于什么类型的股东，只是因为对方拿的钱比较多，而自己没有太多钱，就把自己的股权降低，还受了限制。

4. 出了问题再学习股权

就像本书第四章第一节案例中的老板一样，等到自己与人合伙出了问题时，再想起怎么解决股权的问题就为时已晚，要么伤筋动骨，要么重新来过，成本会比较大。

为什么说很多时候我们认为的或者学习的股权设计都是错误的，是因为我们仅学了股权设计，而没有想过整个合伙流程应该是怎样的。方向对了，事半功倍；方向不对，努力白费。防火永远比救火重要。

第二节　找到对的合伙人，　慢就是快

我觉得找合伙人和找另一半是一样的道理，可遇不可求，有时候需要我们真心等待，等不到合适的，便不勉强自己。我们在想做成一件事情之前，一定是要找到对的合伙人，而不是为了形成团队，硬给自己塞一个。这不是一个简单的过程，也不是一天、两天可以完成的工作。想想当年雷军为小米找的各个联合创始人，想想马云早期劝说十八罗汉的情景。

当下，大家很火热地谈股权分配，谈要把握好控制权，在宣导很多好企业、好项目因为股权架构不合理，导致惨淡的结果，也的确是这

样。对于企业发展，合伙人是非常关键的，那我们应该找什么样的合伙人？

一、共同的价值观

古代对婚姻的观点是讲究门当户对，其实是有道理的。这个门当户对并不是完全指两个家庭一样富有或者处于同一个阶层，而是指同样富有或者同样阶层的人，他们对事情的看法、认识，以及为人处世的方式会有很多相似或相同的地方，这就是所谓的价值观。只有趋于相同的价值观，才能让捆在一起的人走得更远，现代人所讲的夫妻之间的共同语言正是由此演变而来的。所以共同的价值观，是验证合伙人能否走在一起，能否走得长远的根本标志。

二、人品第一，态度第二，能力第三

为什么把人品放在第一位，能力放在第三位？人品，正解是人的品德，是指个体依据一定的社会道德准则和规范行动时，对社会、对他人、对周围事物所表现出来的稳定的心理特征或倾向。当然，每个人的人品也受他所生长的生存环境的影响。人的能力是可以培养的，态度是可以被影响的，唯有人品，是很难改观的。“正人用邪法也正，邪人用正法也邪”就是这个道理。

三、遵守规则、遵守原则

我服务的一家公司在梳理关于他的合伙人的问题时，谈到他和合伙人算是校友关系，也想参与他做的事情，当时也是急于用人把项目运转起来，所以很快便谈妥了，分配股份、前期投资、分工等都安排好了。

但是在公司运转一段时间之后却发现了这位合伙人的一些问题：

- 后期公司需要再次投入，以没钱为理由，不想再往里投钱；
- 每天上下班非常自由，自己想什么时候来就什么时候来；
- 分给他的工作没有结果，最后又去负责别的事情；
- 没有创业者的心态，有种打酱油的感觉。

这种人综合看起来人品多少有点问题，最关键的在于不遵守规则、没有原则。工作就应该是工作的状态，创业就应该有创业的样子，把自己当成大爷，怎么能长久呢？最终的结果就是很不好意思，只能请出局。

四、见过大钱的人

其实重点看的是一个人对待金钱的态度。要找合伙人，各方一定要在金钱的态度上达成一致。金钱的背后能看出一个人做人做事的原则和底线。我曾经就遇到过一个合作伙伴，他常说与人合作一定是先付出，再谈回报；但是经过事之后，发现他看重的是别人先付出，自己要先看利益。遇到这样的合作伙伴，我们只能遗憾地说声再见。

比如一个企业里面有 A 和 B 两个股东，在企业发展过程中，遇到困难，资金不足，A 是拼命地想办法解决困难，不惜将自己家房子抵押贷款，用来解决公司的困难；而 B 则是拼命地想办法将公司不多的利益归为己有，更别说再出资了。这个时候，A 看的是事业，B 看的是利益，其实就是价值观不同。事业面前事为大、钱为小，如果有人是钱为大、事为小，这样的合伙人一定走不长远。无论你是哪种金钱观，一定要选与自己一致的。

五、愿意付出，懂得尊重他人

很多时候我们与人合伙，找到好的合伙人真的比找对象还要难。可能在项目成立之初，大家都愿意为之付出，不在乎是否有工资，不在乎是否加班，因为创业的项目是自己的，都愿意付出更多的努力。懂得尊重他人，也显得尤为重要。什么是尊重他人，就是几个人一起合伙创业，在工作中有分工，在股权上有多少，但是在尊重上大家都一样。并不存在谁的功劳大谁的功劳小，谁的能力大谁的能力小，合伙人之间应该是彼此支持、互相鼓励。多看对方的优点，懂得赞美对方，而不是觉得他的股权比例比我小，就应该什么都听我的。

六、有能力，有梦想的人

这句话看起来像一句空话，其实是在说一种人，自燃型的人。人像物质一样，也分为可燃型、不燃型和自燃型。

- 自燃型的人，没有任何的监督，他就能够熊熊燃烧。
- 可燃型的人是他人给他能量他就能够燃烧起来。
- 不燃型的人很冷漠，或者很盲目，即使他人给他力量，他也不能够燃烧起来。

自燃型的人是能够做成事情的人，他们不仅能够自燃，还能够把能量传递给周围的人。他们富有能动性和积极性，不是等上司安排命令才去做事，而是能够在别人吩咐之前，就主动带头成为众人的模仿对象。我们创业选择合作伙伴就应该选这种自燃型的人。

很多时候，我们看一个人不能只看表面，得从事上看人，如果你和你的合伙人之前没有一起共过事，那就一定要好好评判，至少要有过 3 次或 3 次以上的面谈、沟通。

我记得曾经遇到过类似的情况：几个人合伙，其中一个人负责技术或者运营，但之前都有工作，以技术或运营为价值参股，在公司前期成立及运行初期暂时不参与，等到风投的资金到位或者某某专项资金到位，公司正常运营后再辞去原来的工作，全职投入这项工作中。其实对于这样的合伙人，我想说你找他干什么。既没有创业心态，也没有承担风险的精神，等一切路都铺好了，我想找什么样的技术或运营不行，还得给股份。

快就是慢，慢就是快。找到合适的合伙人，你会事半功倍；快速地找到勉强的合伙人，你会痛哭流涕，最后搞得两败俱伤。为什么我们在写商业计划书时，里面有一项就是团队的介绍，投资人不一定看项目，但是一定会看人。同样的项目不同的人去操作，效果肯定不同。

第三节　创始合伙人股权利益如何分配

股权分配是合伙的表象，合伙的真相是股东之间利益的分配。利益的分配不仅仅是指以股权比例为基本的分红，还包括工资、提成等方面的分配。当前很多初创期创始人都是不拿工资的，也不做提成上的分配，这并没有错，但设计不好，考虑不周全，也会给公司带来灾难。

一、合伙人要不要发工资

因为公司前期创业都是需要花钱的，而且刚创业的时候人员基本就是这几个合伙人，大家都是不拿工资的，等着最终的股东分红。作为创始人，前期基本上是身兼数职地付出，从人性的角度来看这并不完全合理，先看工资代表了什么。

- 工资是对一个人工作付出的价值体现和尊重；
- 工资的本质是劳动力的价值和价格；
- 工资是一个人在工作当中基本生存的保障。

场景：公司三位创始人，都不拿工资，股权比例为 A：60%，B：22%，C：18%。

（1）节约人工成本：假设每个人的工资是 5000 元/月，该公司每年会因不发放股东的工资节省利润（人工成本），18 万元。

（2）虽然每个人的能力和分工不同，但是大家同样都付出了时间成本，也在各自的岗位上付出了心血，人力资本的角度上大家共同为公司创造了价值。

（3）假如该公司当年净利润为 10 万元，按照股权比例来分，A 可以分到 6 万元，B 可以分到 2.2 万元，C 可以分到 1.8 万元。这样来看是合理的，但实际上这个公司 10 万元的净利润并不算净利润，因为并没有减去创始人的工资成本。

总结：全职的创始人应该拿工资，对于创始人工资的发放建议是：

（1）可以不发放，但是前期不发放工资的时候，分红不完全按照合伙人持有的股权比例来分配，可以另外约定合伙人的分红比例，拉小大家之间的差距，从而平衡合伙人之间的付出。

（2）10 万元的利润可以先按工资标准给每个人发掉，剩余的部分再按股权比例分配。

（3）如果三人约定三年不发工资，可以把三年的工资用抵注册资本。

这里存在一个问题，就是这三个人的工资标准怎么定合理呢？

可以以每个人的市场价，比如 A、B、C 去应聘的薪水是多少？大家可以按照市场的同等标准计，或者说大家本身是初创期，大家共同约定一个相对较市场价低的薪水。

二、合伙人做的业务要不要拿提成

现实中很多情况也都是不拿提成，各自做各自的，等到最后大家一起算分红。这是普遍情况，也有拿的，但也不一定分配得合理。

场景：技术型公司，三个合伙人，A：发起人 + 技术和运营，持股权的比例 60%，B 和 C 负责销售，各占 20%，各自按比例出资，约定不拿工资，年终统一拿分红。虽然 A 的技术很重要，但是如果没有 B、C 两人每天去客户那里销售，公司是不会有利润的。

（1）年终净利润 100 万元，B 和 C 分别分红 20 万元，A 分红 60 万元，但 100 万元利润全部是 B、C 的业绩，B 和 C 觉得自己辛苦地付出，最终还没有 A 拿得多，时间长了容易出现利益分配不均衡，导致股东矛盾，或者 B 和 C 出去单干。

（2）当然如果没有 A 的技术，销售也没价值。反过来看技术也是可以被替代的，一旦外部有合适的技术，B、C 重新成立一个销售公司，与外部某一方技术谈好产品的合作底价，就可以自己卖了。

（3）当然 B 和 C 作为销售也可以替代，如果招聘销售，就要给工资和提成。

总结：提成也是要发放的，发放方式可以自行约定。

建议方式：

（1）如果产品单一，根据谁成交或者谁是业务来源，按照一定的比例每次成交后结算。

（2）如果产品需要各方配合才能成交，按照每个人在谈单过程中的分配，确定一个相关方各自的分配比例即可。

（3）如果产品是多样化的、零碎的、不好明确的，可以考虑用每个月总销量的某一个比例给予相关销售提成奖励。

大多时间合伙人既是股东，又是管理人员、销售、技术等，相当于大家既出钱又出力，都应该按照企业管理的运营，有对应的工资和提成，包括其他福利。

合伙成功的两个关键因素是股权结构设计合理、股东利益的分配合理。

股权比例和股东利益的分配没有绝对统一的标准，也没有绝对合理的模式，全在于大家共同的探讨商榷，最终确定一个彼此都认同的分配模式，分配模式也不是固定不变的，结合企业发展的阶段、周期等因素是需要做调整的。

第三章

创始期合伙人，股权如何设计

第一节 三个人合伙加盟教育培训机构，股权怎么分

A、B、C 三个人合伙加盟某品牌教育培训机构，总投资 200 万元，其中 A 负责出主要资金，并负责项目的整体运营管控。

B 出少部分资金兼职参与，负责部分课程的教学工作，因为自己还有工作，只能拿出三分之一的时间参与。

C 兼职参与并出资，负责教学研究的课程研发及师资培训支持，C 之前已是该品牌的加盟商，开有一家店，有一定的教学经验，所以可以给 A 加盟的项目进行赋能，但不能全职参与，只能定期给予一定的指导和辅助。

A 和 C 觉得该教育品牌还不错，考虑双方形成合力，未来能够对当地的市场做整体的开发和运营，将市场扩大，增加品牌影响力，再开出第三家、第四家……

像这种情况股权怎么分，责权利怎么明确，三个人要不要拿工资，拿多少合适？

一、分析案例关键点

这个案例先来分析一下，里面有几个关键点：

（1）合伙人 C 是该品牌的加盟商，对该品牌有一定的了解和运营，对项目的运作会有助力。

（2）合伙人 B 兼职，只能负责单一课程的教学，可被替代。

（3）项目发展：开多家店，占领大区域的市场。

（4）人才培养：教育培训核心人才是师资，未来开更多的店就需要更多优秀的人才。

这个项目的股权设计并不太复杂，结合合伙五步法的方式来进行逐一分解即可。

但对于一个项目来说，股权的设计应该与该项目的发展规划、战略定位、盈利模式等进行匹配和设计，往往很多创业者，都是按照股东人数和出资情况进行简单的分配。股权是公司的大产品，也是稀缺品，未来需要用到的地方非常多，尤其是以人才为重的公司。所以在通盘考虑的情况下，可以将股权设计规划得更长远，更有利于企业发展。

二、股东类型和持股设计

1. 股东类型

如果单纯地从三个股东的股权怎么分配来看，可以按照前期的出资比例进行股权比例的设定。

严格来说，应该按照股东的类型，A 是长期股东，又出资又经营的股东；B 可以属于长期股东，出钱兼职经营；C 其实属于战略投资股东，出钱，并不过多参与经营，基于前期的经验给予专业的指导与辅助。

2. 持股权的比例与股价设置

因为公司的重点在于人才，所以要先预留期权池，针对后续的核心人才做股权激励，才能使得公司长久发展，降低人才流失带来的风险。建议预留 10% ~20%，可以先由 A 来代持。

A 属于核心，肯定是拿大头，建议在 60% 以上（包含代持的期权池），应该按照 1 元/股进行；B 可以按照 1.5 元/股或者 2 元/股，持股权的比例不超过 10% 为宜；C 则按照 2 ~ 3 元/股，持股权的比例在 10% ~15% 为宜。

3. 兼职股东问题

兼职股东存在不稳定、不能以全部投入的状态投入，所以要进行一定的限制约定。比如全职参与之前股权可以少拿一些，或者分红有折扣，或者约定什么时间可以全职到位，如果达不到怎么处理。

4. 工资待遇

全职参与则按实际情况进行岗位工资的发放，不参与实际工作运营管理的不拿工资（具体规则可以参照第二章第三节的内容来设计）

只能部分参与的，建议按照出勤时间累计计算工资。

5. 特殊事项约定

其中 B 每周只能有三分之一的时间出勤，如果和 A 同样的出资标准，担心他以后不能按约定出勤，可以设定一个基本条件，比如：

- 无故连续一个月每周出勤低于一定天数；
- 或者连续一个月未出勤，也没有其他特殊事项；
- 或者一年内累计出勤低于多少。

则对应股权的当年分红按照实际出勤天数/应出勤天数 ×100% ×分红，或者按照 6 折、8 折进行分红，也可以一年之后退出公司，退还本金。

股权设计没有最完美的比例，只有尽可能完善的约定。一定是结合各股东的实际情况，约定一个相对公平、合理、大家都能接受的利益分配机制。

考虑到未来的发展，该项目其实还建议创始人应当从股权顶层设计加以考虑。A 和 C 其实都属于这个加盟品牌的操盘手，双方都希望共同把品牌市场做大，开更多的店，从这个角度来看，企业的顶层设计是非常有必要的。顶层设计就像是企业的航行灯塔，指引航行的方向。

- 下一步开新区域店，新店和 A、B、C 都有关系，还是只和其中一个、两个股东有关系？

- 新开区域店的店长、优秀老师如何激励？是在店中持股还是在主体公司持股？
- 因为品牌都是加盟的，C 原来的店和 A、B、C 共同运作的公司未来有什么关系，如何处理？

这些问题都需要考虑，有可能 A 做这个项目的加盟正是看到 C 原来加盟做得还不错，对于 C 来说，A 既是竞争对手又是合作伙伴，所以股权顶层设计可以提前将对应的关系进行规划，规避未来的风险和纠纷。

第二节　成立三年的公司，加入三个合伙人股权怎么分

某老板是技术出身，成立了一家集生产和研发为一体的材料类公司，发展三年，整体趋势还不错。因老板是技术出身，对于公司来说销售成了公司的弱项，目前销售额才做到 100 万元，其实就相当于一个夫妻店。老婆负责电子商务渠道，网上销售比较成熟，但是量也不够大。正好这个阶段，该老板两个同行业的朋友，A 在原公司是职业经理人，负责公司整体的管理运营，B 是原公司的销售冠军。两个人都不想给别人打工，同时也看好该老板的公司平台，想加入成为合伙人，共同把公司做大。

然后问题来了，这个老板也不太懂股权怎么弄，该给多少。A 提出了一个分配方案：A 投 20 万元，占股 34%；B 投 15 万元，占股 15%。然后 B 还想让一个朋友进来，要 10% 的股权。备注：A 和 B 原来关系

比较好。

我们先来算一下，这样下去老板的股份还剩多少。34% +15% +10% =59%，最后老板只剩 41%。也就是说，累死累活干了三年的公司，一转眼自己连一半也没有了。

我问了他几个问题：

- A 这个人你们认识这些年有没有一起共过事？
- 您知道自己的公司值多少钱吗？
- 这种分配方式你觉得 B 会有想法吗？

通过这个案例，我们能看到这个分配方式肯定不合理，先不分析原因，来看一下，遇到这种情况应该怎么去分步实施：

第一步：老板要对自己的公司有估值，也就是要知道你的公司值多少钱。

第二步：考虑针对引进人才计划拿出去多少股份。

第三步：根据前两步计算出股份的价值。

第四步：根据 A 和 B 的能力和公司目前的需求，衡量谁的贡献大，根据贡献分配比例。

第五步：交纳入股金。

第六步：办理相关股权转让协议。

需要注意的点：

- 最好对 A 和 B 做相关的背景调查，用人不疑，但是用之前先看好人品；
- 考虑好相应的退出机制；
- 约定一年后再办理工商注册；
- 还有一种比较合理、风险系数最小的方式，就是采用股权激励的方式。针对这两个人做股权激励，匹配好对应的约束考核条件，约定好时间，比如销冠，约定这一年完成多少销售额，至少完成 80% 以上才可以。这种方式既安全，又可以获得有效的人才。

最后，再来说一下这个案例中的问题：

- A 和 B 关系不错，再引进一个朋友占 10%，他们三个加起来是 59%，老板连二分之一都没有了，基本快丧失公司的控制权了，说不定哪天就被他们三个赶出公司了；
- A 给自己定的持股权的比例是 34%，是有否决权的，也就是当公司有重大事项需要决定时，只要 A 不同意，这件事就没法往下推进。以上两点说明，老板的控制权基本丧失；
- A 投 20 万元，占股 34%；B 投 15 万元，占股 15%，这明显不合理，也就是同一时间，股价不统一；
- 本身这件事应该由老板提出合理的建议方案，而不是由其他人来说，那样别人肯定站在自己的利益上考虑，想花最少的钱，拿最多的好处。

好在这个老板提前找到了我，帮他一番分析之后，他自己也看明白了，有了合理的考虑。其实这个案例并不是个案，看看雷士照明吴长江为什么被赶走几回，他也是公司的创始人，和这个案例很像，只是这个案例还没发生就结束了。

第三节　10 个人合伙，股权怎么分配合理

合伙创业，我们常见的是三五个人的合伙方式，超过五个人的就比较少见。而对于股权的分配来说会因为人数的不同有很大的区别，基本原则：一是要有一个老大，二是股权不能平分，三是合伙人要平等，四是要有创业者的基因。

最近我遇到一个关于 10 个人合伙，股权怎么分的咨询，先来看一下具体的案例：

10 个人合伙，主要是针对 POS 机、收银系统等项目。前期的启动资金只需要 5 万元左右。创始团队希望把大家组在一起，做一个平台型的公司，先以原始的项目作为切入点，进行市场的开拓，然后嫁接各种项目，比如贷款、信用卡方面的业务等。没有生产，没有技术，公司更像是一个中介，相对比较空。

这 10 个人怎么合伙，大家股权怎么分，如何能做到公平，毕竟大家都是销售出身，大部分还是同事。

对于同样是销售出身的来说，会存在一个比较核心的问题，那就是谁当老大大家能服气？对于公司来说是一个整体，所涉及的不仅仅是销售这么简单，还会涉及运营、管理、组织管理、人员培养等方面。而往往很多销售出身的人会偏销售，业绩做得好不一定综合能力也好。创业不比打工，在公司里有人帮你扛，有人帮你分担，出来了好坏都要自己扛。不懂的要学，不会的要问，不知道的要商量。

这个案例中比较特殊的是，所有的股东能力几乎相当，分工上都一样，不存在互补和特别明显的强弱关系。

所以要想从中选出一个老大，实属不易。

直接任命，谁来任命呢？谁都想任命自己或者自己认为行的人，很难形成 10 个人认为都行的一个人。

大家选举，一定会出现黑暗关系，看似是选举，实则是在拉帮结派，这公司还没创立就有了这种风气，那以后早晚得散伙。

通过能力衡量？对于核心老大来说，至少要拥有整合资源的能力、品牌宣传的能力、团结人的能力、定战略的能力、融资的能力、可以做他人精神领袖的能力，这些能力在这 10 个人当中还是很难发现的。因为大家之前都没创业过，也没真正当过总经理，虽然说人都有潜力和学习力，但能力的显现也需要一定的环境支撑才能挖掘潜力、通过学习力提升自己的综合能力。

本来股权就不好分，而且是 10 个人，如果从控制权的角度来看，这 10 个人选一个人当老大，给他 51%，剩下的 49% 另外 9 个人来分，平分每个人也不过只有 5.4% 左右。万一以后工作中大家意见不一致，会有人不干，等着分钱也说不定。

还有就是如何让股权分得体现出公平性、激励性、合理性，是这个案例最核心的关键点。我给出的建议是：

一、先平分定基础

（1）先按照 100% 的比例进行平分，10 个人平分相当于每个人 10%，然后核算公司前期的运营资金，大家按照对应的比例进行出资。这里讲的只是一个比例的形态，并不意味着股权。

（2）把 100% 的比例分成两大块，一块是资金投入权重比，一块是人力贡献权重比。比如资金投入占 20%，人力贡献占 80%，或者其他比例，可以按照项目对资金和人力贡献的需求度确定权重比。

（3）按照原来大家工作时的业绩或者项目的发起人来确定一个人做首届总经理。其他的股东按照公司的岗位进行划分和定岗定责，或者说大家都先是销售，其他的辅助性工作招聘一个专职人员来干也可以。

二、动态考核定规则

（1）股权确定政策：可以考虑以一定的年限，比如 3 ~ 5 年为一个期限，年底进行分红的时候，先按照前面约定的资金和人力贡献的权重比，把资金对应的部分收益按照大家的出资进行分配，人力贡献按照每年个人业绩在总业绩中的占比进行分配。等到期限结算，算出该期限内个人的总业绩或者总的分配数量，就能算出基本的股权的比例，以这个作为最终的股权比例确定。

这中间涉及大家具体怎么分，业绩、分工怎么定。这些是需要进行细化和明确的，不然只定个思路框架不足以实现最终理想的效果。

（2）关于总经理的任命，可以用轮值的方式进行，设置一定期限和评选方式，在整个期限内，根据轮值期间公司的总体业绩进行指标的设定。还需要涉及其他的管理指标，比如人员流失、公司外部资源的匹配、目标的确定等，并约定任职期间，出现什么样的问题要下台。

形成这样的规则之后，就能够让这个公司转起来。这样既能做到公平，即看能力和贡献，没有偏颇，又能很好地激励大家干好活。你干得多分得多，股权比例多，话语权也会多。

三、协议约定核心

（1）通过以上方式形成固定股权的比例之后，需要建立完善的内部治理结构，比如决策机制、管理运营机制等，这些机制也决定了以后能否顺利发展。因为一旦股权的比例确定之后，容易造成大家懈怠。我的股权比例确定了，有 20%，我觉得还不错，接下来要休息一下，不那么拼了，这就会出问题。所以对股东（合伙人）也是要考虑激励的，不仅仅是股权，要从公司的各个方面考虑到位。

（2）前期可以先行注册，然后全体股东将约定好的内容进行协议的拟定并签约。等到期满确定好股权的比例之后，再进行工商的变更。这样股东协议就显得特别重要，如果不能考虑周全，也会引起后续的麻烦。

（3）因为股东人数较多，通过这种方式也不一定能够选出一个核心大股东，有可能会选出一个合适的总经理，总经理的股权比例可能会高，也可能会低，所以这就会出现不好决策的问题，后续的议事规则和决策权（控制权）也是需要着重考虑的。

对于这个案例来说，从股权设计的角度是先平分、再不同，以贡献论英雄。重点和难点在于怎么设计规则，规则设计不好，不容易体现出公平性和激励性。对于股权设计来说一定要一事一议，即使人数一样，但是人不一样，能力不一样，项目也不一样，股权的设定方式也会不一样。

股权重在思维方式，有时候并不是比例多少的问题，而是作为项目的创始人能不能站在人性角度去考虑，如何利用股权思维的方式满足人性的私欲。没有永远的兄弟感情，只有永远的利益关系。古往今来，商业上敌人也可以成为朋友，而朋友亦能成为敌人，无论怎么样都离不开利益二字。

企业发展本身就是一个动态的过程，合伙人之间无论是股权、职责还是个人能力，都应当随着企业的动态发展，有一个变化的过程。

第四节　整合行业，组织联盟合伙如何设计股权

案例 1：几家公司想共同组建一个联盟，一起搭建平台，去做一件各自都受益的事情。如果说单独做一个商协会组织，也可以，但是无法形成利益共同体，不方便开展和商业有关的行动，所以他们必须共同成立一个公司来运作，但是对于股东怎么进来、股权怎么分配不是太清楚，因为这些股东主体都是公司。

案例 2：：一家汽配行业的老板，他们也在做整合行业的事情，这种整合是一种规范，也是一种颠覆，让优秀的企业更优秀，为客户提供更优质的产品和服务。慢慢地会形成行业中的巨头，也符合国家正在提倡的产业基金，形成一种呼应和趋势。那么这样的组织形态应该如何进行股权架构的搭建，又该如何去运营？

案例 3：这是一个失败的案例。某餐饮集团旗下的几十家供应商，由关键几个人共同发起，准备成立一个联盟，做蔬菜净加工行业。依托 × 集团，针对 × 集团的所有连锁店或行业其他餐饮店进行半成品菜品的输出。本来是一件特别好的事情，有利于行业的整合，同时也能减少餐饮店的部分人工成本。后来考虑到联盟不能公司化，无法做出行业的标准，大家也不能共同出钱出力，所以想到了成立公司。请我去给他们讲了一次股权的基础内容，我也针对性地提出了相关的建议，年前并没有执行。

年后他们再联系我时，公司已经注册，十几个人，股权基本平分，业务一直没有开展。大股东是 × 集团的采购经理，并不具备运营才能和时间，愿意为此付出的人又觉得股权不合适，而且很多参股的人是不适合参与经营管理的，也不一定能提供资源，他们的参与只是害怕因此失去一次机会。想外聘总经理进行管理，十几个股东都想提出自己的想法，问我怎么办，我给他们提了一些建议，但是因为没有一个人能完全说了算，大家都有各自的想法，结果就没有结果了。因为这十几个股东原本就有自己的公司，到现在为止这件事情还是没有进展，大家仍是各忙各的。

本来挺好的一件事情，结果因为股权没分好、合作没谈好、分工不明确、规则没定好，只是出钱、股权差不多就注册公司了，好事也变麻烦事了。

相对于普通的几个自然人股东合伙，这样的合作模式较为复杂，因为大家都是企业法人，而且每个公司背后都有一定的资源，怎么才能组成有力的团队，形成蝴蝶效应，达到一个好的结果呢？在这件事情上，存在两大问题：**一是股权怎么分，二是企业怎么管。**

- 明确谁是这个项目的主要负责人，这个人的主要工作职责是什么？对这个组织层面承担什么责任，能给这个项目提供什么支持？先把这个人选出来。或者是一个大家都信服的机构为主导，作为发起人（单位）。
- 由负责人（单位的老板）牵头，带领大家制定对应的规则，按照参与人的人头进行规则的表决，在带头人的引导下，大家共同参与规则的制定。

一、股权怎么分

在分配之前，建议请专业的老师对大家进行一次股权基础的培训，大家对股权认知统一理念，或者所有参与的伙伴对于股权的认识都是一样的，这就是价值观，不然合伙之路艰难。

（1）先定位：这些参与的机构（公司）不能全职参与新组公司的运营，只能提供资源、资金或者工作人员，那么大家的定位都是战略投资者。

（2）定权：谁是大股东，负责新公司的战略，承担大的风险，谁就做领投人。其他人为跟投，按照什么标准参与，承担什么责任。

（3）定比例：按照管理股和投资股来定，管理股用于给未来的员工，在这个公司实际运营管理的人，投资股就是所有参与的机构。两者按照行业贡献等来确定权重。管理股做预留，对员工做股权激励，投资股按照投入资金实际确定。

（4）预留的管理股先由大股东代持，或者成立持股平台，表决权放在大股东身上，大股东的表决权至少要保留一票否决权（34%），最好是能达到51%（相对控股），其他参与机构按照规则进行资金的投入。因为人数较多，建议成立持股平台，减少后期的麻烦。

二、企业怎么管理

大家都是公司，新成立的平台组织怎么运营，谁来管理是最关键的，如果这个定不好，股权的设计再完善也是花瓶。

常规的公司股东本身都是负责人，既是投资者又是管理者。而这种平台组织的公司与之相差很大。根据我们服务企业多年的经验，建议大家从经营企业的角度去认真考虑这个问题，而且要公平、公正、合理。

（1）所有的股东共同选举，成立董事会，董事会成员代表公司的运营管理决策机构，对上为股东负责，对下为管理层、执行层做好管理。3～5人为好，人数太多，容易出现无法决策或者管理无效的问题。

（2）由董事会负责选出执行总经理，可以外聘，也可以从各个股东单位的优秀人才中进行推荐，但一定要得到大家的一致认可，而不是说谁掌握了总经理，谁就掌控了公司，因为总经理是对董事会负责的。

（3）公司的组织架构：明确公司的组织架构，也就明确了公司的管理团队，人员的招聘、推荐还有运营，自然也就好进行了。

（4）股东的管理：股东是要进行管理的，要有一定的规则。比如股东会怎么开，什么时候开？谁管理公司财务，如何公开，股东如何知晓和反馈？各个股东如何对公司提供资源支持，如何对公司建言献策……

（5）退出管理：因为这个组织是为行业服务，也是为每一个参与的股东服务，大家应该彼此遵守规则，多为平台出力。但是随着平台的发展，要对股东进行考核，比如1～3年内大家的资源链接、对平台的贡献，是否还符合平台的发展、价值观等，要有淘汰机制。这个过程中还会有更优秀的行业机构，我们可以再吸引过来。

除了以上方面的考虑，其实还会涉及其他的细节，比如顶层设计、公司治理的完善、公司的人力资源体系建设等，这都是一个组织的必备条件。无论如何设计，这个平台也不过是一个公司而已，我们把整个设想都从公司的角度去考虑，大方向就不会错。**和普通公司不同的只是股东的性质而已，把这点差别考虑进去，做好管理就好。**

不管是单体公司还是平台组织，无论是股权也好，管理也好，都应该有其对应的规则，把规则定好，按照流程去执行。当你不知道该怎么下手的时候，可以先从一个单体公司去考虑，怎么成立、怎么进行股权的设计、怎么运营管理，梳理出一个时间柱和主线，然后围绕这个主线，让所有想参与这件事情的人共同探讨每个节点上的问题怎么处理。关键是主导人要把握好方向，别每次开会都跑偏了，这样进行几次，基本规则也就出来了。参与即执行，每一个参与规则制定的人，必定会积极遵守规则。

第四章

你犯过这些股权分配错误吗

第一节　不懂股权，从创始人变成局外人

有一位企业的老板，公司处于发展的上升期，之前联系多次，希望他能来学习关于股权架构和股权激励的课程，但他一直很排斥，也可能觉得公司用不上，因为公司都是他一人说了算。后来我们便不再联系。

时隔四年的某一天，他突然问我股权的问题，说他目前遇到一些麻烦，希望能得到我的帮助。帮人即是帮自己，我通过电话了解了他的问题。他之前的公司因为早年帮朋友担保，朋友出了问题，受连带责任的影响，不得已关了门，并且有很多债款收不回来。这位老板因为自己在行业有多年的经营经验和资源，加上个人的影响力，还是能做一些事情，于是想东山再起。

他找了五个朋友，每个人都出了一部分资金，唯独他没有出钱，具体情况如表 4－1 所示。

表 4－1　本案例中各方的出资情况

股东	出资	出力
A	现金出资，出资最多的	前期不参与，后期参与
B	未出资	总经理
C	现金出资	不参与管理
D	现金出资	不参与管理
E	现金出资	不参与管理
F	现金出资	不参与管理

前期只进行了简单的工商注册，并没有进行统一的股权划分。后来公司开始转向盈利，但是运营资金不够了。需要大家再次投入，而且他

也明显感到自己有些吃力，那些拿了钱并不参与经营的人开始指手画脚。而他们达成的意向是根据谁出钱多，谁的股份多，因为是他经营，给他留10% ~20%的股权，等他挣到钱再把钱补上。他觉得很困惑：一是股权怎么分配；二是未来想给员工一些股份，同时还有一些外部的渠道可以给一些股份做激励。

针对他们股东的情况和他考虑的问题，我给出了以下建议方向，如表4－2所示。

表4－2　建议的股权分配方式

股东名称	分配比例	对应金额（万元）	公司价值（万元）	说明
A	25%	75	300	已出资30万元，再出资45万元
B 总经理	20%	60	300	先出资10%（30万元），另10%（30万元），从每年的分红中扣
期权池	10%	30	300	针对业务骨干员工，制定股权激励方案，可以用期股的方式，今年就可以做，可以拿到这30万元资金，但是不做工商变更，等到三年以后工商变更
总经理激励股	20%	60	300	可以聘任B为总经理
C、D、E、F 天使投资	15%	90	600	因为是纯投资人，不参与经营管理，所以按注册资本的一倍来计算，这相对合理
渠道激励	10%	60	600	这个是针对外部的渠道业务的，做了溢价考虑。和天使投资是一个股本。这样针对内部的股东也是相对合理的

股权本身是可以用来融资、融人、融智的。以上建议的思路肯定要考虑股份在工商登记上的体现，比如C、D、E、F可以算做天使投资，股权最好代持，而且股权的价值一定和其他人是不同的。同时也要考虑

每一块都要有对应的约束机制，比如总经理激励股是要有对应的业绩目标的。期权池给员工的也要制定对应的、系统的股权激励方案。渠道激励也要与业绩挂钩，这样才能做到把控制权放在实际经营的人那里，同时又能通过股权将资金和人才都揽进来。

如果他们这个项目刚开始，这样去做比较容易实施，而现在这个项目已经开始盈利，这个时候再去改变就需要技巧和方式方法了。很遗憾，他并没有按照我提供的方向实施成功，因为他不专业，没有谈拢，其他人都觉得应该谁拿的钱多，谁的股份多，并不认可他的建议。同时导致 A 和 B 的关系恶化，因为 A 的股份比例比较大，觉得大家都应该听他的，但是他对于这个行业和管理是没有任何经验的。而 B 最后无奈地选择离开公司。

他就这样一步步把自己从创始人变成了局外人。其实从中我们不难看出问题的关键：

（1）不懂股权，不知道怎么去统筹考虑，规划利用。

（2）选人不对，因为价值观不一致。

（3）没有学习意识，总认为自己用不到就不需要学习。

股权分配应该是在公司成立之前就要考虑的问题，而不是等到出现问题时再去挽救，大部分这种需要挽救的结果就是分道扬镳。**合伙人时代，不再是单打独斗，更应该学会利用股权，寻找志同道合的合伙人，设计好有效的利益分配机制，构建一种可行、相对公平的运营体系**。丑话说在前头，才能让企业走得更远。

开头我们提到了股权重要的五大权利，在做股权分配时要把股东也进行分类，比如既出钱又出力、不出钱出力、出钱不出力等类型，根据股东的类型来匹配股东的权利，然后根据贡献设定好股权比例等。出钱不出力的应该给分红权，出钱又出力的可以给所有的权利，当然以上所有的匹配最终还是要以法律文件落到实处。

很多时候一个公司的消失并不是因为经营不好、管理不行，最重要的还是前期的股权分配没有做好。事情的成败在于提前防控，而不是事后诸葛亮。

合伙规则：先定规则再合伙，拒绝朋友义气，先小人后君子。谁干活谁多拿股权，谁不干活谁少拿股权。

第二节 自己干到合伙干，亏了还要负担债务

孟青是一个朋友介绍过来的，在微信上跟我说："苏老师，我不懂股权，现在是个失败的创业者，我想哪天见见您，给您汇报一下我的经历，看看往下应该怎么走。"

后来我们约了时间，我倾听了他的案例，既替他伤心，又替他不公。

孟青是学艺术的，他毕业后一直从事艺术领域的特色培训，主要针对高中生，那些即将进行高考，文化课成绩偏低的学员。经过3~5年的发展，孟青在这个圈里已经有一定的品牌影响力。他自己既负责招生，也负责教学，同时对培训出来的学生，通过自己的关系将他们推荐给相关的学校，高考的艺术专业课通过率都很高。因为一直是自己一个人在做，力量比较单薄，后来遇到一位老大哥，老大哥说："我投资，咱们共同做艺术类的培训，把这一块做大。"孟青觉得不错，同意了老大哥的建议。然后老大哥又找了另外三个合伙人，都是老大哥的朋友。

于是，孟青的股权结构也随之变化，如图4-1所示。

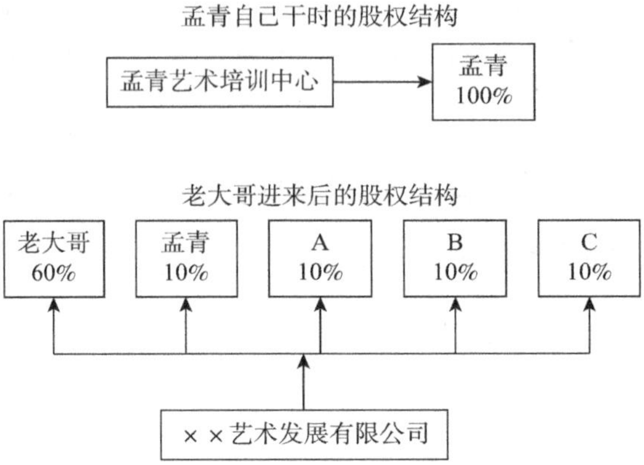

图4－1　孟青股权结构的变化

关于分工：

股权变化之前：

- 孟青：负责培训、招生、运营。

股权变化之后：

- 老大哥：定调，自己有一块原来的业务，一直还在做；
- A、B、C兼职帮公司做些招生，年龄偏大，精力跟不上；
- 孟青：负责培训、运营、招生。

本来想通过合伙整合，可以开拓更多的业务，但是最终发现，并没有想象中那么美好。公司在合伙后经营了两年，年年都是亏损状态，孟青就特别郁闷，接下来公司要发展，还需要再往里投资，大家都不想再投资了。

于是孟青经过一番考虑，想把其他四个人的股份收回来，还是自己干，再找真正合适的合伙人。在谈判的过程中，另外四个股东提出可以按照原投资额翻一倍的价格，退出他们的股份，孟青觉得很苦恼，一是本身公司就亏损，二是他也拿不出这么多钱。关键是他还不能自己出去单干，因为老大哥在收购他原来全部股份的时候，对他个人做了约定，五年内必须为本公司服务，不能出去自己干。这个限制让他陷入了困境。

通过我与孟青的沟通，分析如下。

基本现状是：

（1）四位股东年龄偏大，本身都有自己的事情，并不适合继续合伙。

（2）他们提出的退出价格是基于不想让前期自己的投资有损失。

（3）如果孟青自己经营，公司每年至少能有一定的利润。

（4）孟青没办法自己出去另立炉灶，因为原来的协议约定有限制。

建议：

（1）孟青回购其他股东的股份，约定一个合适的价格，既不让原股东有什么损失，但也不能太夸张。

（2）根据自己经营情况做出财务状况的预算，三年内的销售额、利润。

（3）先进行股权转让的工商变更手续。

（4）双方约定的回购价格，分三年偿还，每年从公司利润当中拿出一部分，可以比约定价格高一点。

（5）将当前公司财务做个结算，孟青承诺后期的发展由他投资，并承担对应的风险。

（6）孟青承诺，如果三年内公司没有利润，孟青按照约定的价格及同期银行利息，支付回购的资金。

通过这种方式，既解决了孟青独立经营的问题，也解决了原来投资不投职股东的回报问题，而且还不伤和气，四位老大哥依然愿意帮助孟青，有相关的资源还可以帮他对接。相当于他们原来的投资款放在孟青这里做了一个三年的投资理财。

但是对于孟青来说，还面临一个重要的问题，如果他自己持续干，公司还是做不大，利润也不会太高，而且比较累。他擅长教学、打理关系，招生这块偏弱，想找这样的人才作为未来的合伙人，但是经过这次合伙的教训，他又害怕因为合伙再出一些问题。前面的问题解决了，这块又成了他的心病。

针对这个问题，我给出的建议是：

- 先招聘优秀的业务人员，前期以工资 + 提成的方式支付报酬；
- 在合作过程中逐渐选出双方价值观一致、真正能做事的人员；
- 采用股权激励的方式逐渐对这类人员进行激励，释放股权。

虽然是合伙时代，但是合伙有风险，合作需谨慎，关键在于选择什么样的合伙人，你的选择决定了事情的结果。

合伙规则：

（1）要结合自己的优势和短板，去找和自己互补的合伙人。

（2）要找年龄差距不太大，价值观一致的合伙人。

（3）股权的设计一定要遵循基本规则，重在以贡献为主，考虑谁是项目的主导人，谁为公司的控制人。

第三节　持股 50%，　最后却被赶出公司

一、公司运营不久就被赶出公司

王丰和刘东是好朋友，各出资 50%，成立一家公司，因刘东还有其他业务，就把公司的管理权交给了王丰，王丰出任公司的执行董事和总经理。《公司法》有规定，有限责任公司要成立董事会，一般在 3 ~ 13

人，如果公司小可以不成立董事会，执行董事就代表了董事会，因此王丰作为执行董事，即代表了公司的董事会。刘东出任公司的执行监事和公司的财务副总，监督企业，控制企业的资金流出。目前看没什么问题。

公司运行一段时间后，各方面发展还不错，但是后来王丰以公司的名义，免掉了刘东的财务职务。从《公司法》来看，是符合法律的，公司的副总是由公司的总经理任命罢免，但是这样的决定对刘东来说是不利的，刘东肯定不愿意，就想采取办法解决，但是却很难执行。

刘东通过以下三种方式，都没有得到很好的处理。

1. 要求公司召开股东会议，选举公司新的执行董事，或修改公司章程

（1）股东会能不能顺利召开

《公司法》有规定，第一届股东大会叫创立大会，由全体出资人发起，第二届、第三届及之后的股东会都是由公司的董事会发起。在本案中，根据《公司法》规定，股东会是要由王丰发起的，他是执行董事，本身就是董事会。但是刘东要召开股东会的目的就是要免掉王丰，那么王丰肯定不愿意，这样股东会也就没办法顺利地召开。当然刘东也可以等到年度股东会议，但是相隔时间长，中间会发生什么变数也很难说。

（2）假定股东会可以召开，或者刘东等到年度股东会召开，能不能顺利地改选执行董事，或者修改公司章程

《公司法》规定，改选执行董事，股东会上最低表决权是过二分之一，刘东永远得不到超过二分之一的表决权，修改公司章程更麻烦，需要三分之二的表决权，刘东更得不到三分之二的表决权。

综上所述，第一个方案行不通。

2. 刘东出让股权

根据《公司法》的规定，股东出让股权，公司其他股东有优先购

买权，即刘东要出让股权，是要先卖给王丰的，但是王丰不买。刘东想卖给第三方，但是以公司目前股东冲突的情况，经营一塌糊涂，没人愿意买。

所以，第二个方案也行不通。

3. 申请解散公司

根据《公司法》规定，解散公司有好几种方式：

（1）公司成立期限已满，公司要解散。

（2）公司做了违法的事情，可以被强制解散。

（3）根据股东的投票，自愿要求解散公司。

但是公司既没有违法，存系时间也没有届满，前两个理由不成立。王丰是不希望解散公司的，而且解散公司是要求出席股东会人数三分之二以上票数通过。刘东获得不了三分之二的票，所以公司也解散不了。

从以上案例可以看到，这种股东纠纷最根本的原因在于股权分配不合理，而且 5 ∶ 5 的形式是最糟糕的股权结构。在公司成立之初，也没有制定相关的规则来约束。比如股东会不召开怎么办？董事会召集股东大会，不主持怎么办？公司股东发生矛盾和纠纷时怎么办？

二、如何避免这种情况

股权结构是否合理决定着企业的发展，也决定合伙人之间是否可以走得更长远。假设我们遇到以上情况，想提前约定规则怎么办？方法是修改公司章程，在章程里针对这些事件做出修订约定。

比如《公司法》原文在这些方面有如下规定：

- 针对股东会职权：《公司法》第三十七条规定，公司章程可对股东会的其他职权进行规定；
- 针对股东会召集程序：《公司法》第四十一条规定，召开股东会会议，应当于会议召开十五日前通知全体股东；但是，公司章程另有规定或者全体股东另有约定的除外；

• 针对股东表决权：《公司法》第四十二条规定，股东会会议由股东按照出资比例行使表决权；但是，公司章程另有规定的除外。

• 针对议事方式和表决程序：《公司法》第四十三条规定，股东会的议事方式和表决程序，除本法有规定的，由公司章程规定。

就上述案例来说，在符合《公司法》第四十一条的范围内可以将公司章程做如下修改：

• 股东会会议由执行董事召集和主持。执行董事不能履行或者不履行召集和主持职责的，由监事召集和主持；监事不召集和主持的，代表十分之一以上表决权的股东可以自行召集和主持；

• 公司应当在召开股东会会议十五日前由董事会以书面方式通知全体股东，通知应当包括股东会召开的时间、地点和审议的事项。未在书面通知中列出的审议事项不得在股东会议上审议通过。全体股东一致同意通过的事项除外；

• 情况紧急需要召开临时股东会会议时，董事会可以以口头、电话方式通知全体股东，并同时通知需要审议的紧急事项；

• 股东会会议表决，不按照出资比例行使表决权，可以根据各股东在公司发展中提供出资或其他资源的重要性的差异，特确定以下表决权的行使依据：股东甲享有 ×% 的表决权，股东乙享有 ×% 的表决权，股东丙……

创始人股权分配不合理，企业生死两重天，以上是发生在我们身边的现实案例，以上人名皆为化名，请勿对号入座。

合伙规则：合理的股权架构是避免股东僵局的关键。

第四节　不要在缺钱的时候贱卖了股权

朋友介绍了一位客户张三。张三是做食品的，他的产品市场需求很大，不缺订单。老板本人有一种匠人精神，用了三年的时间，产品从原材料的选取、配方的调制、产品的保存、运输等环节严格把控，用优质的原材料、科学合理的储存方式、绿色健康的制作，把产品做成了艺术。凡是吃过的人，总是忘不了第一次入口的爽快与独特的自然口味。

为了适应市场的需求，就需要有专门的厂房生产，包括食品行业的QS。张三在租厂房，根据QS的标准重新修建厂房，以及生产运营方面还需要一大部分资金，由于前期的研发和市场的匹配已投入近600万元，他自己已经没有多少资金可以投入了。这个时候，正好有两个好朋友有资金，也看好这个项目，想就此投一些。A为资源型股东，在全国来说都有很多的资源，可以为他后期的发展提供一些支持，想投入100万元，占30%，但是只是投钱，后期不完全参与公司的运营管理。B有能力，也可以全身心投入工作，可以投一部分钱，占15%。老板本人之前听过一些老师讲过的股权课程，感觉这样不太合适，但是又不知道怎么做。

非常感谢朋友的推荐，有缘分坐在一起帮他探讨这个问题。张三之前做的工作都基于自己的个体店面，现在因为有A和B两个人的加入，需要注册公司。大家觉得这是三个人共同创业，A和B会认为应该按投多少钱占多少股。虽然是要注册公司，但也不能否定前期张三的付出，而A和B的角色在股东类型中和张三是有些区别的，他们属于后加入的股东。针对他们合伙的这种情况，应该按照如下正确合伙的步骤：

第一步：张三要对自己的公司有估值（前期的付出），也就是要知道公司值多少钱。

第二步：考虑针对引进其他股东计划拿出去多少股份。

第三步：根据前两步计算出股份的价值。

第四步：根据 A 和 B 的能力和公司目前的需求，衡量谁的贡献大，根据贡献分配比例。

第五步：交纳入股金。

第六步：办理相关股权转让手续。

当然每个公司的情况不一样，细节和过程肯定不一样，但有一点是相同的，那就是公司的价值。这个老板前期投入已经有 600 万元了，按最低算，公司也值 600 万元，30% 的股份就是 180 万元。而且后续他会有订单，就等着生产出来就可以收款了。还有他之前的客户，重要的是之前市场对他食品的认可，这就是品牌，这些都属于无形的资产，也是可以估值的。按照他的这些情况，公司估值 1000 万元也不为过，30% 就相当于 300 万元。

还有一个原因就是如果只是投资型股东，建议是投大钱占小股，那怎么算 A 投 100 万元，也不可能给 30% 的股份。可以考虑，投入 30% 的资金（假设公司估值 600 万元，即投 180 万元），占股 10%，可以分红 30%。这样比较合理。

这个时候可能有人会问，到底怎么知道自己的公司值多少钱？我个人的看法是，在适合的估值方法下，简单计算出自己的公司价值外，可以双方沟通，达到彼此都认同和接受的一个合适的范围值，就是可以的。关键在于老板要清楚知道自己公司可以卖到多少钱，股权到底值多少。不要因为缺钱而着急收钱，别人给多少都答应，等你后悔的时候就晚了。

第五章

外部合伙人股权如何设计

第一节　如何做好资源股东的股权设计

我服务的一家单位，是做食品类生产、研发、销售的。老板叫张宏，是位90后，干劲很足，也很拼。已经是第二次创业，目前产品在市场上属于新品类。前段时间参加了山东省组织的创业大赛活动，活动现场，有一家当地电商物流园孵化基地的企业看中了他的公司，想投资他们，占一部分股权。对方提出的是现金出资一部分，另一部分可以帮他们对接很多资源，让这位90后老板拿个方案，看看应该怎么合作。张宏给我打电话，咨询怎么进行下一步的谈判。

在创业过程中，这种情况会遇到很多，有时候股东是自然人，有时候是法人，但是从资源的投资角度来说，逻辑都是一样的。首先，第一点就是要确认这个资源股东的定位，他属于投资者，而非创业者，所以无论公司的估值多少，应该是按市场价，或者稍低于市场价一点。第二点就是将其所提供的资源价值量化，并以钱来进行评估。

根据投资方与张宏的实际情况，我给他提出了以下几个步骤：

（1）双方沟通，对方有哪些资源，详细地将这些资源列出来。

（2）明确一下哪些资源可以为我们所用，对我们有价值。

（3）确定全部资源的价值，以及对方现金出资是多少。

（4）确定公司的估值。

（5）根据对方资源的价值和现金合计，结合公司的估值，计算出对应的股权比例。

一、明确列出资源，并估值

通过第一轮的沟通，对方将详细的资源列了出来，包括政府资源、经销商资源、渠道资源、软件开发、物流配送、办公室及仓库提供等方面。但是对方提出来的资源并没有很明确地说到底能不能给公司用，能不能实际产生价值，单看这些资源是无法确定的，怎么才能量化呢？

我建议以提问的方式对每一项资源进行逐一确定，这个问题怎么问呢？

（1）先问自己

①从公司3年内的战略规划来讲，这项资源对公司的帮助是什么？

②如果这项资源不以股权来衡量，对方帮助我们实现了，应该怎么给予回报？

根据以上问题来确认这项资源对于公司是否有价值，如果是就单独摘出来，如果不是就去掉。有时候能用钱解决的问题，尽量不用股权。那么这种情况下尽量不去按有价值的资源衡量，万一对方今后帮我们实现了，可以按照一定比例的提成返点即可。

（2）问对方

①这项资源对我们公司能产生多少销售额或者收益？

②这项资源对我们公司目前能节约多少成本？

通过这些问题，我们就可以把对方列出的资源进行归纳整理，找出对公司目前发展最有价值的，然后形成《资源价值核算表》。以张宏案例实际摘出个别项示例，如表5－1所示。

表5－1　资源价值核算表

序号	可用资源	资源价值	折合现金价值	兑现价值
1	现金10万元	最大	10万元	10万元

续表

序号	可用资源	资源价值	折合现金价值	兑现价值
2	物资	办公室可使用多少平方米，租金多少钱一个月，三年之内多少钱 仓库可使用多少平方米，租金多少钱一个月，三年之内多少钱	10 万元	6 万元
3	软件开发	已开发小程序市场价多少 未来三年还需要开发什么软件 费用需要多少	10 万元	4 万元
4	销售渠道	可以帮助建立几个渠道 每个渠道一年的销量是多少	100 万	30 万
5	×××	其他	——	——
合计			130 万元	50 万元

当我们把这个资源价值核算表梳理出来之后，自然就能针对性地核算出实际价值，确定出对方能兑现的价值，然后通过最后的金额，再进行公司的估值，就可以算出对方的实际股权比例了。

因为张宏的公司目前属于创业阶段，最需要的是资金，所以我给他提出的原则是："无论什么机构用什么方式投资我们，关键是要知道当前企业发展最需要的是什么。"总结一句话就是：**要么是现金，要么是可以转化成现金的资源**。如果不能坚持这个原则，那这项资源对我们来说是没有意义的。

二、设置股权比例

1. 关于股权比例

对于当前阶段，这种资源机构投的资金，还有在资源的实际价值并不是特别高的情况下，建议最高不要超过 10% 的比例。股权是企业的稀缺品，我们要在适当的阶段充分利用好这个工具，发挥它最大的价值。如果是资源特别有价值，能迅速带来公司的业绩或者让公司有一个质的飞跃时，可以考虑放到 15% 左右。如果对方的资金和资源所量化出的价值加起来达到 10% 或者 15%，那么可以约定对方加大资金的投入比，以弥补资源的价值。

2. 关于规则

（1）虽然是创业阶段，也可能对比资源方来说显得弱小，但是我们要保持精神和勇气，坚持对方不能参与实际的运营管理决策，可以参与公司的股东会、董事会，对于股东会、董事会的议事规则及控制权提前做好设计，避免公司因投资者而丧失创业者的基因。

（2）退出机制要提前考虑在内，双方共同约定退出：

①约定资源兑现的时间周期，如果没有全部兑现，建议按照已兑现的实际价值重新计算股权。

②三年之后可以选择退出，退出价格按照公司的实际净资产价值或者近一轮融资估值的对应折扣等。也可以选择不退出，继续持有公司的股权，风险共担。

③其他双方约定的事件。

总结：

其实上述分析的案例中主要是将资源股东定义为战略投资者，带钱带资源，如果是纯资源的股东进入，是不建议给那么多股权的，也不建议直接工商变更，可以用股权的思维方式，然后给予对方分红权，或者采用创始股东代持的方式为宜。

第二节　五步完成资金方股东的合伙设计

越来越多的人有了股权思维，希望通过股权获得便捷快速的资金来源。因此，更多创业者把资金的使用从银行借贷，逐渐转向自己的朋友圈，同时手上有闲钱的人，在考虑如何让闲钱产生价值的时候，逐渐从购买理财产品转向股权投资。在这种行情下，对于项目操作方来说，可以通过这种外部资金为项目的运作带来活力和快速发展；对于投资方来说，可以让自己投出去的钱得到更多的回报。

也有很多创始人，自己的项目很有前景，而且团队运作也比较成熟，但是由于创始团队缺乏资金，项目发展就会比较缓慢。创始人身边的朋友看到项目后，提出能不能以股权的方式投资。这种情况下怎么去设计，怎么规划？对于项目方来说设计不好，也容易出现很多问题，应该如何去规避这些问题？又如何让投资方和融资方达到一个平衡的状态，得到共赢的方式？这其中有哪些问题是应该考虑的？

王凡原来在餐饮业有过五年以上的行业经验，一直梦想开一家自己的餐饮店，并做出自己的品牌。经过多方考察与总结，他发现他所在的省份虽然有一些日料店，但是并没有大家统一认知的品牌，不像中餐有很多自己的品牌。比如一提到水饺，大家会想起喜家德；一提起鲁菜，大家也会想起当地多个品牌，唯独日料没有。但是市场是有需求的，而且在其他地区也有一些人已经在做，并有了一定的成效。所以王凡也下定决心要在自己的家乡做一家有温度的日料品牌。

前期他开了一个单店，经过一段时间的运转，非常顺利，每月的流水也实现了基本盈利。同时将单店的管理、人员配置、获客方式、会员管理、盈利模型等配套体系也都做了基本的标准搭建。想要建立自己的品牌，一定要多开店，可是他手里的资金不够，如果等到第一家店赚够开第二家店的资金时，市场可能就被别人占据了。有一次与朋友吃饭时，说起这个困惑，朋友说："我给你出钱，你开店，我身边还有几个有钱的朋友正在找项目，可以拉他们一起。"朋友的话激发了王凡的思路。他决定采用朋友投资的方式，快速开设自己的店面。

但是怎么与朋友合伙才能既顺利又不伤感情？王凡是个个性要强的人，他不喜欢朋友们对自己的店面指手画脚，影响他的决策。他担心以后合伙合不好，连朋友都没得做，但他又特别需要快速将店开起来。

这是王凡的考虑，其实他不知道，他的朋友在说出那句话的时候，心里也有自己的想法：我得通过这个项目多挣些收益，至少比放银行强，比买股票靠谱，而且我也相信王凡有能力把店经营好。朋友归朋友，我怎么保证自己的利益不受到伤害才好呢？我还有自己的工作，也不想分散精力去参与店面的事情。

这种情况怎么去设计？应该考虑哪些关键点呢？如何达到双方的利益关键点？

一、了解大家真正的需求

通过与王凡的沟通，以及与他几个想出资的朋友进行了一对一沟通后，了解到大家真正的需求：

王凡：关键是品牌价值，重视朋友情谊，不想因为合伙造成什么不愉快，愿意多拿出新开店面的分红给朋友，但是不想朋友参与店面的管理和运营。

朋友：只是想多个投资渠道，能够获得更多的收益，有自己的事业或者工作，并不想过多参与店面的管理，但是希望能够清楚店面的实际收益情况，担心被项目创始人骗，最终出资，却没有获得收益。关心自己出多少钱，占多少股，收益怎么样，如果店面亏损了怎么办？自己的钱会不会有什么损失？

通过沟通我们不难发现，其实大家的诉求点是能结合的，并没有特别冲突的地方，关键是怎么设计好规则。

二、设计合伙进入规则

1. 梳理公司与店面的关系

王凡成立了餐饮公司，要明确公司与店面的关系。公司是公司，店面是店面，两者有关系，但是又独立运营，所以确定朋友投资者仅针对店面，参与店面的投资和享受收益，公司层面与投资者没有关系。明确公司与店面的赋能关系，公司要给店面提供哪些方面的赋能，比如人员招聘、培训、运营体系搭建、标准输出、品监督导等，对店面收取一定的管理费用。

2. 明确双方的身份定位

王凡为项目操盘手，对店面的经营负责；朋友投资属于纯投资者，不参与公司的日常运营管理，仅享受公司的利润分红收益。共担风险、共享收益，可以享有一定的优先分红权。对公司有监督权，对经营管理有知情权和建议权。

3. 进入方式

确定店面的估值，可以按照店面的实际投资来作为店面的估值，或者在此基础上上浮 1.5 ~ 3 倍，具体要看项目收益情况，确定对外部投资合伙人释放的股权比例。

4. 合伙周期

因为单店开设的周期与商场的房租周期有关系，所以双方的合作周期在房东不发生变化的情况下，基本是持续的，当然也可以设定固定的周期，比如 3 年或者 5 年，约定到期后投资人按什么方式退出。

三、明确双方的合伙进退机制

1. 双方风控保险设计

（1）合伙人每季度召开一次经营会议，由王凡负责汇报店面近期的经营情况、业务进展、财务分析等。合伙人可以在会议上提出自己的建议和意见。

（2）由财务人员负责每月将公司的经营报表，以邮件的形式发送给投资合伙人。

（3）明确分红规则：公司在盈利的前提下，每年一分，于次年的 3 月月底之前完成股东的分红收益，各合伙人承担利润收益的所得税，可由店面代扣代缴。如果店面实际运营比较好，也可以按照每季度或者每月一分。

（4）在店面盈利的情况下，留出下一年店面的发展金后（包括员工工资、营销宣传、物料采购等运营费用），剩余利润再进行合伙人利润的分配。比如店面当年利润为 100 万元，第二年发展金需要 40 万元，则剩余利润为 60 万元，合伙人按照比例进行 60 万元的利润分红。

2. 退出机制

按双方约定方式的期满退出，或者投资者在达到一定回报收益后自动退出。

也可以考虑双方一直合作，直到该店因为房东或者商场租赁等原因造成不能持续而散伙，也要约定好这种情况下店面资产的分配、清算等。在退出这一点上可以把未来能想到的问题提前写上，可以多写，用不到也没关系。

四、签订合理的协议

这种合伙，其实就是投资关系，但又不完全等同于风投的投资方式，所以在协议的签署上可以灵活一些，可以是《投资入股协议》或者《合伙协议》，只要双方把责权利说清楚、讲明白，大家彼此认同，又符合法律关系即可。

五、工商变更

如果涉及公司层面的股权，朋友投资人有特别要求的，可以进行工商变更；如果店面注册的性质是个体工商，一般双方签订对应的协议就可以了。

资金合伙人，往往以朋友、客户、渠道等方面的资源为主，定好规则，打开股权思维，还是一种很好的可以利用的方式，既能解决资金的问题，还可以间接带来一定的客源。

第三节　如何做好技术入股的股权设计

最近我们就遇到了这样一个实际的案例：红姐、蓝哥和绿弟是朋友，绿弟想在A城开一家烘焙店，红姐和蓝哥觉得是好事，而且他们两个也在这个行业多年，很支持绿弟，他们可以出资金，绿弟以技术支持，共同开店。但是红姐和蓝哥都在自己的地区有自己经营的店面，不可能有时间共同经营A城这家店，可以出资金，以及提供在行业的一些资源。于是三个人最终商定，红姐出资 40 万元，蓝哥出资 45 万元，绿弟出资 5 万元，绿弟技术出资计 10 万元。但是他们对于每个人的股权是多少、怎么去分配犯了难。后来红姐找到我咨询，提出他们的问题。

假设把红姐和蓝哥都算投资者，按照投资的原则：投资者投大钱占小股，创业者投小钱占大股，红姐和蓝哥占 20%，绿弟占 80%，对于两个投钱的人来说，他们必会觉得不公平。一是他们并不认为自己是投资者，也不太了解投资的原则；二是他们会对绿弟有行业及其他方面的支持。所以用这种方式，去给他们做理念的普及，并不能实际达到理想的效果。

假设我们把绿弟的技术折算成 10 万元价值，相当于绿弟出资 15 万元。这样算下来，绿弟的持股权的比例是 15%，刚开始大家会觉得还可以，等到这个店盈利，并且进行了一次分红后，绿弟会觉得自己的付出没有得到回报。因为我们知道，一个店再小，它需要经营，经营就需要时间、精力等各种付出，包括人员的管理、产品的设计、营销的安排等。

这个点上，可能有的朋友会提出，再给绿弟 10% 的干股做激励。干股激励无论怎么设置激励方式，都体现的是一种老板与员工的关系，不是合伙关系，像他们这种共同起步的合伙，是会让实际干活的人受挫的。

具体应该怎么设计比较合理？

中间有哪些点是我们需要考虑的？

一、先梳理关键点

我先问了对方几个问题：

（1）这个店在人员设置中是技术重要还是资金重要？

答：前期开店肯定是资金重要，但是日常的运营和后续的发展肯定是技术重要。

（2）未来这个店就只有这一个技术吗，还需要其他的技术吗？

答：如果店发展好，光靠绿弟自己肯定会比较吃力，还需要加入其他的技术人员。

（3）你们是怎么考虑技术入股的？因为这个技术没有专利证书。

答：绿弟有能力和经验，而且店也是他全权运营，所以应该让他以技术入股，就是不知道他能把店经营到什么程度。

（4）只是开一个单店吗？需要注册公司吗？

先开一个单店，不需要注册公司，要注册个体工商。因为绿弟之前没有创业过，所以先开这个店，未来发展得好再考虑公司的形式。

我还对一些其他的关键点与他们分别进行了沟通，但这四个是最重要的问题。

针对他们的这些情况，我给出的建议是以分阶段的贡献来衡量价值体现，结合店的发展周期需求进行考虑。以动态的分配模式，结合当下，同时又要给未来的变化留出出口。

二、针对具体情况进行股权设计

我们来解析这个案例，还是用合伙五步法进行分析。

1. 确定公司形式

公司的形式为个体工商。

2. 股东人数及类型

三个股东，其中两个人只出钱，不参与实际的经营管理，另一个人出部分钱加技术出资。

3. 股权的比例确定及进退机制

（1）股权的比例确定

按照股东的情况，建议先把股东分为资金股与技术股，以三年为节点，共同商定每一年的资金股与技术股的权重占比，形成一个动态的分配模型，如表 5-2 所示。

表 5-2　本案例资金股与技术股的权重占比设计

<table>
<tr><th>股东类型</th><th>股东</th><th>出资情况</th><th>出资方式</th><th>第一年权重</th><th>第二年权重</th><th>第三年权重</th><th>备注</th></tr>
<tr><td rowspan="3">资金股</td><td>红姐</td><td>45 万元</td><td>现金</td><td rowspan="3">80%</td><td rowspan="3">70%</td><td rowspan="3">60%</td><td rowspan="4">权重比可以提前定好</td></tr>
<tr><td>蓝哥</td><td>40 万元</td><td>现金</td></tr>
<tr><td>绿弟</td><td>5 万元</td><td>现金</td></tr>
<tr><td>技术股</td><td>绿弟</td><td>10 万元</td><td>技术</td><td>20%</td><td>30%</td><td>40%</td></tr>
</table>

（2）分红计算模型

- 假设第一年的净利润是 100 万元，结合第一年的权重，则资金股可分得 80 万元，技术股可分得 20 万元；
- 资金股的分配公式以红姐为例：红姐分红 =45 万元/（45 万元 +40 万元 +5 万元）×80 万元 =40 万元；
- 绿弟分红 = 技术股对应的 20 万元分红 + 资金股 5 万元/（45 万元 +40 万元 +5 万元）×80 万元 =4.44 万元 =24.44 万元；
- 对于技术股来说，一是未实际出资，负责经营和以技术出资，所以要对技术股进行约定，可以以店的年度销售额或者利润等指标做一个设置，技术股的分红 = 销售额的实际完成率 × 销售额；
- 假设第一年定的销售额是 500 万元，如果最后只完成了 400 万元，那销售额完成率为 80%；
- 绿弟对应的技术股分红 =80% ×20 万元 =16 万元。以此类推。

（3）进退机制的考虑

- 约定前两年资金股的股东不能随意退出，因为前几年资金还是比较重要的；

- 如果店面连续 2 年未盈利，则技术股需要补齐对应的 10 万元现金；
- 其他的退出考虑结合股东的实际情况，再进行其他约定；
- 特殊事件的约定。

因为他们是个体工商，不存在所谓的股权，所以以上的整体分配，主要是对各股东对应的分红比例进行的设计。如果是公司的形式，就需要再考虑一下关于股东权利、经营权等方面的表决分配。

4. 协议的签署

根据分配模式的设计约定，以及其他的考虑约定，共同拟定合伙协议，三方共同签署。

5. 工商登记

通过以上合伙五步法的分析，对于整个案例会非常清晰，对于其他的股东合伙情况，我们也可以利用这种方式进行一步步的分解，就能很好地解决合伙机制的问题。

这个案例中需要特别注意的是对于技术合伙人的约定，不一定是销售指标的形式，也可以用其他的方式，因为行业不同，技术对应的内容也不同，所以对应的设计因素肯定是不同的。

如果主体形式是公司，要考虑实际股权的问题，在动态设计的指标上就要结合合伙人的实际情况和项目本身的情况进行设计，然后设定一个周期，比如三年或者四年，最终形成固定的股权比例，进行工商的实际变更。或者先假设以达到的情况为准进行工商注册，所有的约定在股东协议中进行约定，做好退出约定。如果在约定的时间内未达到的话，则需要把未达到的部分对应的股权进行回购。

合伙股权重在设计、制度为主、人情为辅。既要独立又要结合，不能单一地靠某一个指标进行权衡。单一的指标具有片面性，重要的是人情因素还是需要照顾一二的。

第四节　家长众筹合伙人，快速实现门店裂变

近两年经济形势下滑，各行各业都出现不景气的现象，我在培训咨询行业多年，接触过上百家企业，90%以上的中小企业都缺钱。我们都知道，银行从来都是锦上添花，而且门槛相对较高，这就滋生了一批民间借贷公司，自2014年起，也因行业的逐步规范，很多此类型的公司接二连三地关门。

对于中小企业的发展受到资金链的制约，很多老板是急白了头。也正是这个时机，众筹开始频繁地出现在公众的视线。

任何一件事情的成功，都离不开人的坚持和努力，而关键在于选对方向。在这些疯狂的跟风状态下，一批企业没有走出这个圈，变得更加难熬，更有甚者把众筹玩了一轮又一轮，无非是前一轮的钱不够了，只好再来一轮。在我看来，众筹的成功在于商业模式的策划和众筹成功背后对企业发展的管理，让企业或者店面不断地创新，产生可持续的盈利，对于参与众筹的股东才是好的交待。

对于任何事情的决策都不要太盲目，要有独到的眼光判断，同时还要做好对应的措施。我们来看一个实际的案例：

某儿童教育培训机构，老板经过几年的打拼，创出一定的知名度，深受家长的喜爱。老板也想把事情做大，多开一些分校。但是开分校需要资金，刚开始他与别人合作，以加盟的形式来办学校，可结果并不理想，他的模式比较独特，结果加盟的换了自己的牌子，让他损失不小。

人都有“一朝被蛇咬，十年怕井绳”的心态，他也不例外，但是出于对儿童教育的热爱，他想一直把这件事情做下去，还是想继续开分校，但不再以加盟的方式，坚决开直营。可每开一个学校都需要资金，他却拿不出这么多钱，非常苦恼。

通过股权的学习，他意识到股权思维的重要性，其实是可以通过吸纳家长成为学校的合伙人，筹集资金的同时，还能招生。正常开一个学校需要50～80万元，每年招收300个学生，每个学生的学费是7000元，需要学习三年。怎么将家长变成合伙人呢？经过我们专业老师的指导和优化，终于形成了一套行之有效的方案：

- 明确校区的实际价值，比如80万元，确定对家长释放的股权比例，不建议人数太多，第一批只招收15位家长合伙人；
- 拿了15%的股权，设置为5万元一股，每个家长合伙人仅限购一股；
- 家长合伙人权益：享受持有股权对应的分红收益，自己孩子3年学习的费用全部免除，介绍的朋友孩子来学校学习可以享受一定的折扣，定期召开家长合伙人活动等；
- 制作家长合伙人招募计划书，包括校区的规划、培训产品优势、过往的成功案例、家长合伙人入股计划等；
- 将原有的家长邀约，召开家长合伙人招商会议：

①先打出本次活动的主题：爱心天使。

②宣讲学校所做的事情，讲自己的使命及社会责任感。

③针对在场的家长提出家长合伙人的众筹方案。

此方式一出，得到家长的支持，既让孩子免费参加了学习，还能享受每年的分红，而且让自己的孩子很有优越感。

很快，他的直营店就以这种方式开了起来，收效不错。他用同样的方式，持续开了多家直营店，看似拿出了一部分股权给家长，其实解决了他的开新校区的资金，并助推了业务的增长。上述案例，也是先通过设计商业模式，再加股权众筹，出让部分股权及收益，筹集到股东和所需资金。

以上模式可以借鉴，也可以套用，当然中间有些细节还需要好好斟酌，不同的行业可能关键点有所不同。但是我觉得众筹想获得成功，首先是你的方案要让筹资方和投资方都受益，才能达到想要的效果。

曾经有一位朋友咨询我，关于他想拿出 10% 来众筹，问我怎么办，我说你得写出具体的方案，他说就是不会写。我给他的建议是：先写出你要众筹的对象是谁，他需要什么，你能提供什么，再写出你想要什么，然后通过你的方案把双方的利益点结合起来。都说不以筹人为目的的众筹都是无用功，所以关键是要双方都能获利，才有价值。当然，股权众筹中最关键的还是要把握好股份的释放情况，保证自己的实际控制权，或者公司的品牌等。

不管是商业模式还是股权众筹，相同的一点是，我们能通过这种方式快速把事情办好，但是背后的东西我们一定要把握好，那就是要持续地、流畅地经营，产生盈利，保证参与众筹方的收益回报。

第五节　客户合伙人，使美容院业绩倍增

随着女性对美容的需求越来越多，各种美容院铺天盖地、大小不一，因为市场需求的火热，也导致了竞争的激烈，不断有人开店，也不断有人倒下。

竞争的激烈让越来越多的美容院开始从模式上着手，从客户入手，

一方面考虑内部如何激励员工，留住核心人才，因为美容技师是美容院的核心；另一方面考虑如何更好地留住顾客，让顾客参与进来，更多地帮助美容院介绍朋友，从而增加美容院的消费。在这种情况下，从众筹的角度来看，股权 + 消费众筹成了最合适的方式。

一、客户在这里消费，却给别处推荐客户

在我实际遇到的案例中，有两姐妹，她们有两家美容院，做了十几年，在当地有很好的口碑，也维护了很多老顾客。两姐妹技术都很好，已经开了十几年的店，还在亲自为一些客户做服务。她们也会出去学习，更多的是偏向于技术方面的内容，在运营层面和管理层面接触的并不多。随着市场的激烈竞争，价格和利润逐年下降，人工成本也越来越高。做得比较成熟的员工还容易离开，自己出去单干。在这种情况下，姐妹俩想将两家店跟着自己干了近十年的核心员工提上来，让他们参与店面经营，让大家的责任心更强。现在大家不关心店里的成本，也没有节约意识，有时候人走了，卫生间的灯开一夜都没有人管。姐妹俩还想再开一家新店，可是新开一家店从租金到装修，费用也不少。

她们说："苏老师，我们本来也没怎么想过合伙人，对股权什么的也不懂，但是我们有些顾客经常说，他们什么时候也能入点股，参与一下我们的项目。后来发现有些顾客在我们这里做一些基础的护肤项目，但是却给别的美容医院介绍了很多客户。这也让我们反思自己，为什么自己的顾客不给自己介绍客户，反而都介绍到别人那里去了，却依然还在自己的店里做护肤。"其实这位顾客认可姐妹俩的技术，但这个店跟她没有任何关系，既没有利益相关，也没有名誉上的关系，虽然姐妹俩技术好，但从利益相关的角度讲，客户还是选择了给别人介绍。这种情况也让姐妹俩开始意识到不能只是把服务、技术做好就行了，还需要重

新考虑一下未来的发展。

通过帮她们梳理，发现她们原来经营的店面积累了近千名顾客，有很多都是老顾客，一年在店里的消费也不少。那为什么不利用这些顾客，让她们参与进来，投一部分资金，再获得一定的收益呢？这样既能捆绑，又能带动消费。因为他们要开新店，对于原来经营的老店，虽然比较稳定，但多少还是会分散精力，所以也希望能够让老店的员工承担对老店的责任，姐妹俩可以把更多的精力放在新开的店上。

这种情况着重从两方面来考虑，一是针对原来店面的老员工，形成内部员工合伙，让大家在店里也能持有一定的股权，获得一定的分红收益，让店长真正担起店长的职责；二是针对原来的顾客，如何做好合伙设计，让顾客能够成为新店的合伙人，既为新店带来客源，还能提前获得一定的资金周转。

二、店面内部员工合伙

（1）明确员工参与的目的：调动员工的积极性，通过持股，获得主人翁意识。

（2）基本原则：个人要出钱，按照岗位价值，公平公正。

（3）持股方式：先虚拟，后实股。前期先以分红为主，当员工实际看到收入的时间达到一定的周期，再进行实股的转换。这个虚拟的过程，也是让员工逐渐成长的过程。原来这个店一直都是老板自己管理，因为要开新店，精力上也顾不过来。所以先给员工分红权，培养主人翁意识，再逐渐提升管理能力和个人的运营能力。当能力达到时，再转成实股。

（4）分红条件：完成所在店的业绩。要设置所在店面的年度业绩，根据年度业绩完成的情况进行分红。给了员工股权，并不是让员工坐等收益，而是意识到责任更重，是要让店面的营业收入有所提升。

（5）退出规则：明确员工的退出机制，考虑到员工在这个过程中会出现的一些其他情况，比如离职、渎职，向自己的顾客兜售店面以外的其他产品，私下收顾客的款项未上报，违反店面的管理制度等的约定，都需要考虑在内。只有提前定好规则，才不至于在后期出现说不清的问题。

三、顾客众筹，外部合伙人

1. 基本原则

（1）明确职责，众筹合伙人不参与管理，分红后利润保持不变，股权分的是收益，所有权没有发生变化。

（2）明确我们参与众筹的对象，一定是在自己店里原来就有消费的顾客。

（3）顾客人数不超过 30 人，一是避免因众筹引起的与法律有关的冲突，二是人数多了也不便于管理。

2. 具体思路

（1）将新店的前期出资作为一个基础估值，估算新店的股本设置。

（2）总量：将 20% ~30% 的比例给众筹的顾客合伙人。

（3）出资：顾客合伙人按照基础估值的 1 ~ 2 倍进行出资，具体要结合新项目的收益预测。

（4）顾客出资的合伙人费用按照 1 ： 1 对应新项目的消费金。

（5）合伙人享受新项目及原有店面服务项目的 5 折。

（6）合伙人的出资可以退出，同时也有义务为新项目介绍客户。

（7）按照持有的股权比例享受店面对应的分红。

这个思路没有太大的问题，只有一个小问题，姐妹俩说："目前财务不太规范，而且我们也不想让顾客知道我们的利润情况。只是想：一是顾客能出一部分资金；二是我们有更强的黏合关系，同时顾客也能帮我们介绍客户。"

这种美容院的顾客有什么样的特点呢？

都是女性、都有美容的需求，因为顾客本身也是在老店中有消费的，新店会增加一些新的项目，顾客依然会有消费。

怎么让顾客既有合伙人的身份感、参与感，又能够激励顾客为新店推荐客户，同时自己还能消费，不担心出资的后续问题。这是需要考虑的重点。

结合姐妹俩的顾虑和顾客的关注点，重新调整思路：

（1）不需要考虑店面的估值，也不去管什么比例和股权问题。

（2）人数还是控制在 20 ~ 30 人。

（3）每人出资 5 万元，成为合伙人，享受合伙人权益及年度分红。

（4）出资 5 万元等同于 5 万元的消费金，享受项目的 5 折（或者出资 5 万元赠送 5 万元消费金，可以在店面实际消费）。

（5）可以介绍朋友参加（怎么让顾客更好地介绍朋友，需要做一些策划和服务）。

（6）年度分红：按照店面当年营业额的一定百分比，比如 3% ~ 10%，具体看营业额，这个占比算出来作为合伙人的分红基金。

（7）合伙人分红：所有合伙人平均按照人数和基金进行 1 ∶ 1 分红，对于介绍客户的合伙人加一定的系数比例，作为奖励。比如 A 当年给店面介绍了 10 个朋友，分红系数可以是 1 × 1.2，具体系数可以按业绩多少做设置，也可以按金额的多少做设置。

无论从以上哪种方式考虑，都要考虑合伙人的退出问题。合伙人出资是能退出，还是不能退出，具体要根据众筹的项目和产品的特性。比如公益众筹，背后回报就是你有一颗爱心，没什么退出不退出；比如产品的众筹，你拿到东西了，就不存在所谓的退出之说。服务型的产品是一种无形的东西，而且只能去体验，无法拿走，所以可以考虑设置一定的周期内，如果消费不完的部分可以退出，但是退出之后则不再享受合伙人的权益。也可以不退，只要你身份在，可以持续消费，享受对应的折扣。

这个案例，从投资的角度看，有点外部合伙人的味道；又有点众筹的概念，面对一定的群体对象，参与人数比较多。既和股权有关系，其实又没多大关系。但是从股权的思维角度讲，这些都不重要，关键是通过一种合理的方式，让顾客和老板之间形成一种黏性的紧密关系，先从利益共同体开始，随着未来的发展，再走向事业共同体。比如你做大了，品牌有了，可以让顾客、让合伙人再成为你的代理商，顾客单独投资新店，你去做托管运营，双方谈好合作分成即可，关键是品牌是你的。

痛则变，变则通。虽然经历了一些波折，至少姐妹俩已经意识到要随着时代的趋势，去调整自己的发展方向，结合时代的背景，去利用新的思维方式，打造自己的合伙人。

第六节　城市合伙人计划，助力企业扩张发展

市场环境变幻莫测，行业竞争也非常激烈，同样的项目，如果你没有很快占领客户的心智模式，那就容易被落在后面。对于任何一家企业来说，要想快速占领心智模式，最好的方式就是快速扩展市场，将市场影响面做大。

一、传统企业业务拓展的三个层面

1. 自建渠道

企业以直营的方式，在各地开设分、子公司或者设置办事处。将自己的人分到各省市区，做当地市场。这种情况对于企业来说，一是速度会慢一些；二是开拓人员不一定有当地的资源和人脉，会面临很多不确

定的问题。同时也很难吸引到在这个城市有行业资源的人，成本控制不当，造成资源浪费、管理沟通成本高昂。

2. 连锁加盟

很多开店的人都知道，比如麦当劳、肯德基、绝味鸭脖等，他们都是不停地开店，包括用了不到两年就走上资本市场的瑞幸咖啡，除了广告宣传，瑞幸咖啡在各地开花。他们要么直营，要么加盟。这种方式，加盟商跟项目公司之间是一种利益关系，但是有的加盟户之后为了节省成本，选择与公司品牌不符合的原料，也对品牌造成了影响。

3. 招募代理商

比如伊利、蒙牛、康师傅方便面、格力空调等很多这样的企业，都是通过招募代理商的方式，将渠道拓展到各个省市。这种方式，代理商和项目方之间只有利益关系，一旦同行业产品给予更优厚的力度，容易转舵。

除了这三种方式外，在合伙人的时代里，还有没有更好的方式呢？让每个城市的负责人都像一个公司的 CEO 一样，考虑全面、能力强悍、团队拼命、回报丰厚？最好的方式是让城市的负责人真的成为 CEO。或者说，让真正的 CEO 来负责这个城市。

以城市合伙人的方式，成立独立公司，并由城市合伙人担任 CEO。这样双方不再是上下级关系，而是合伙人关系。主体公司把现成的模式、系统、经验和资源都毫无保留地提供出去，并设计合理的机制均分回报及资本收益。然后，安心在副驾驶位置上坐定，由城市合伙人来操盘这个城市。

自 2016 年，阿里巴巴和腾讯相继提出建立自己的城市合伙人，城市合伙人计划也逐渐成为人们讨论的话题，但是具体怎么做，应该从哪些方面去考虑，很多老板其实并不明白。

具体来说，就是项目创始方会与当地的城市合伙人一起成立一个运营实体，也就是成立一家公司，项目创始方持有一定比例的股权，而当地的合伙人持有另外一部分股权。城市合伙人反过来也有机会持有项目创始方总部的股权。双方最终形成相互持股。

对于城市合伙人来说，在当地公司自己做老板，既可以获得项目利润的收入，也可以通过完成业绩得到项目主体公司的股权，在项目方未来上市或者被并购时，城市合伙人能够实现资本上的套现，还有望实现爆发性的增长。

二、城市合伙人计划的关键点

1. 谁是你的城市合伙人（合伙人画像）

城市合伙人一定是在当地城市有一定的资源、资金或者团队。对于不同的项目方，我们需要的城市合伙人的资源可能也不同，所以你需要清晰地给你的城市合伙人做好画像，明确什么样的人才是你想要的。人数不建议找得太多，3～5 个人为宜，能够组成一个强有力的团队，有一个核心的人去带领。城市合伙人核心团队人数也不宜过多，不然管理的难度会过大。

2. 股权关系的设置

（1）项目公司与城市合伙人团队的持股方式

一般来说，项目公司对城市公司要做到相对控股，持股权的比例在 51% 以上，如果你的企业未来要走资本市场，控股的情况下才能合并财务报表，这种设置才有利于未来的发展。对于城市合伙人团队来说，总经理最好是城市合伙人中的核心来担任，可以获得多一点的股权，其他的人员相对少一些。或者前期项目公司不控股，当城市合伙人团队达到某个业绩指标时，约定一个股权收购回来的方式，达到控股，以便合并财务报表。

（2）做好城市团队合伙人的股权设置

项目公司与城市合伙人成立的城市公司中，城市公司的团队合伙人也要做好股权的设置。一般来说，城市公司的 CEO 要持大股，高于其他合伙人，即使控制权掌握在项目公司中，也要避免股权平分，凸显城市公司中掌舵人的职责。

3. 职责分工及利益分配方式

（1）双方投入问题

明确项目公司与城市合伙人出资的约定，怎么出钱，怎么出力，项目公司是出资还是出技术、设备等，双方要明确约定，以及如何实现。

（2）明确分工

虽然双方是股权关系，但是实际项目公司作为总公司，主要是为城市公司赋能的，不会具体参与城市公司的运营和管理，可以委派一名董事，负责监督监管就好了，由城市合伙人团队负责全权的运营和管理。

（3）利益分配

股权比例上总公司已经拿了大头，但实际业务是由城市公司来操盘的，如果按照持股权的比例进行分红，会打击城市合伙人的积极性。所以，在分红上，建议与股权比例区分开，前期市场是要靠城市合伙人去做的，所以需要给他们多分一些，比如项目公司与城市合伙人可以按照4∶6、3∶7或者2∶8。当公司经营到一定时间后，可以恢复按照股权比例分红。

4. 双方的财务约定

很多城市合伙人计划财务混乱，总部也没有做好监控。一定要有一个合理的财务管理，总部做好监督管理，要规范财务管理制度。

5. 城市合伙人退出的股权回购与条件设定

项目公司发起城市合伙人，重点突出的是合伙人，以股权为中心，既要给城市公司当下的利益，短期能看得到的收益，也要通过股权来激发城市合伙人的积极性。所以项目公司一定要设置对应的城市合伙人激励计划，项目公司设置对应的回购条件和回购价格，当城市合伙人业绩达到一定程度，可获得总部对应的部分股权，进入主体公司的城市合伙人持股平台，共享未来的资本收益。

6. 城市合伙人淘汰机制

一般会给当地城市合伙人授权，只有他有权去用项目公司的品牌做这件事情。当地唯一的代表，如果没有经营好，要让他退出来，换成有能力的人。总部不要认为有了合伙人，就不需要任何监督和管理了。城市合伙人项目是公司发展某一个阶段的举措，并非长远的想法，是要解决最初的市场、资金、项目的发展问题。城市合伙人项目要避免以下几个问题：

◆避免设置过低的门槛，让太多没有质量的城市合伙人参与进来。

◆避免完全是放养的状态，把项目交给当地的城市合伙人，总部就不再管理。

◆避免过分相信当地城市合伙人资源，没有设定淘汰机制。

项目公司针对城市合伙人做好有效的监督管理体系，给予城市合伙人一定权限的同时，做好城市合伙人的淘汰机制。

城市合伙人计划，区别于股权设计和股权激励，也区别于外部合伙人。它更多的是一种发展开拓的方式，但是背后也离不开股权的规划。城市合伙人的真正实施要比单纯的股权设计和股权激励难得多，对企业有一定基础条件要求，需要企业首先把基础打好，比如人员的培训体系、盈利模式、业务方式、客户服务标准等，而且已经在自己的项目公司中得到验证，也要建立城市的运营系统，而不是仅有一个想法，或者只有一个没有上线的 APP。就像盖楼一样，只有地基打好了，上面盖多少层，都不会有问题。因为城市合伙人更多的是业务的拓展，对于项目总部来说，一下子开启那么多个城市，如果基础没打好，是无法给城市合伙人赋能的，没有赋能，意义就会小很多，结果有可能架子搭起来了，但是业务并没有做起来。

第六章

内部合伙人的股权激励，让你事半功倍

第一节　内部合伙人股权激励的关键要素

一、有一套公司内部的合伙人理念

内部合伙人体系，其实是一种内部共同创业机制的建立，我们在选择合伙人的时候，是基于人才对公司价值观的认同。因此，股权激励在实施前要先提炼自己公司的合伙人理念，也可以理解为合伙人经营哲学，它与公司的文化相结合。一是我们为什么要建立内部的合伙人体系，建立合伙人体系最终要达到的方向是什么；二是在告诉大家，成为公司的股东，获得股权，变成公司的合伙人之后，应该承担的责任是什么，应该扮演什么样的角色，从而实现身心合一的转换。

比如我们都知道，华为提倡“以奋斗者为本”，提出“以客户为中心，以奋斗者为本，长期艰苦奋斗，坚持自我批评”。

唯有靠全体员工勤奋努力与持续艰苦奋斗，不断清除影响我们内部保持活力和创新机制的东西，才能在激烈的国际化竞争中存活下去。

任何时候要以公司利益和效益为重，个人服从集体。任何个人的利益都必须服从集体的利益，将个人努力融入集体奋斗中。

不可能容忍懒人，因为这样就是对奋斗者、贡献者的不公平，这样对奋斗者和贡献者就不是激励而是抑制。

幸福不会从天降，只能靠劳动来创造，唯有艰苦奋斗才可能让我们的未来有希望，除此之外，别无他途。

从来就没有什么救世主，也不靠神仙皇帝，要创造幸福的生活，全靠我们自己。

向奋斗者、贡献者倾斜。公司的薪酬要使公司员工在退休之前必须依靠奋斗和努力才能得到。如果不努力、不奋斗，不管有多大才能，也只能请他离开。

这就是华为这些年在持续配股的基础上，不断提出并强化的“以奋斗者为本”。让员工意识到，成为奋斗者可以获得股权，获得股权就更要以奋斗者为本。这既是一种企业文化，也是内部员工合伙背后的经营哲学。事实上，所有的企业文化，追根溯源，都离不开这一个中心，一个根本。

这个核心理念一定要与企业的发展、战略规划相结合，只要这样，公司的股权激励才能最终形成核能，为公司带来以人才为根本的价值。

二、了解股权激励的基本逻辑

为什么要了解股权激励的基本逻辑，其实就是依据第一性原理，你要知道对于企业来说最根本的是什么，找到这个点，再和企业股权激励相结合，才能将股权激励落到实处，否则只是做样子。而这背后也正是你的企业想通过股权激励达到什么样的结果。

我曾经遇到过一个案例，企业老板找到我的时候，提出来公司想针对年轻的管理者做股权激励，我与他们公司的总经理、二股东及他本人沟通了三次，基本思路和方向都是奔着年轻管理者的股权激励来谈的。可当我们正式合作，进驻现场进行全面调研后，却发现这只是表象，老板最终是想通过股权解决原来老股东继承的问题。而这个时候，我们不得不重新规划股权的思路。这种情况下采用的方式和对应的机制都会有所不同。

还有一家企业，公司的文化特别好，因为一直坚持以客户为中心的原则，发展下来客户满意度超高，老板有六七个核心的人员，是从他创业以来一直跟随他的人。老板跟我说，这几个人是可以为他挡子弹的人。平时他们开一些会议，这些人都会参加，共同参与，共同讨论。老板觉得企业的人才非常重要，而这些人跟他这么多年，有背靠背的情义和心是在一起的感觉。虽然他们没有股权，但是他们对公司的发展做出的贡献已经算是公司的元老了，所以要给他们股权，要让他们变成真正的股东。而这种考虑是基于真正的人才可以通过自己的努力成为公司真正的股东，实施股权激励的根本是为这些人才正名。那么他的公司在具体实施时就会是另一番景象。

什么是股权激励的逻辑？

（1）首先明确企业的价值梦想，与人一样，企业也要明确：你是谁，你要到哪里去，你想成为什么样的企业，做到什么样子。

（2）基于这个价值梦想，你如何制定企业的发展战略，无论是从业务角度、财务角度还是资本角度。

（3）基于企业未来的发展战略，怎么去设置组织架构，是基于现在，还是基于未来。组织架构决定了人员的匹配和选择，同时也涉及人员业绩目标的制定与岗位责权的匹配。这些也决定着如何选择你的激励对象，怎么确定每个人持有的股权数量。

（4）业绩考核。与公司的目标相结合，股权激励无论何种目的，企业总是要回到最上面一层，我们要做什么样的企业。但是背后一定是靠结果说话，那就是达到什么样的目标。无论是业绩指标、利润指标还是市值，都是以数字来说话的。

三、设计股权激励方案

对于要素之三的推进和设计，一定是基于要素一和要素二，如果企业不能明确要素一和要素二，就盲目地进行要素三的设计，最终体现出来的结果，要么出现偏差，要么后期要花大价钱去重新调整。所以一开始我们怎么做并不重要，重要的是得知道我们要的是什么。一旦你明白这个道理，怎么做自然就知道了。

从方案的设计上来说，主要从以下几个关键点进行方案的制定：

1. 激励周期

股权激励的实施一般来说都是有周期的，股权激励周期指的是股权激励的有效期，股权激励计划生效到最后一批激励标的股份行权或解锁完毕的整个期间。设计股权激励计划的有效期需要考虑的因素：股权激励计划的有效期应当与企业阶段性项目或者阶段性目标完成所需要的时间相一致。

2. 激励对象

公司应该根据自身的战略发展确定激励对象，激励对象的要素为：

（1）要高度认同公司的企业文化和核心价值观。

（2）对公司未来发展有关键作用且难以替代的人员。

（3）短期内难以培养，工作岗位难以监督。

（4）历史贡献较大的老臣和功臣。

总体来说，要公平、公正，既要考虑到过去的贡献，也要基于公司未来的发展，去制定选取的标准。

3. 激励模式

股权激励的模式从细处说，有很多种，其实很多并不实用，结合我做咨询的角度，针对非上市企业来说，我总结了四大类。

（1）利润分红。主要以分钱为主，只有分红权，无其他权利。一般是以超额利润激励的方式，或者设置分红基金，这种方式员工可以无须出资，但需完成一定的考核任务量，才能获得对应的分红收益。

（2）虚拟股。公司授予激励对象一种虚拟的股权，激励对象可以据此享受一定数量的分红权和股价升值收益，但没有所有权、表决权，不能转让和出售，在离开企业时自动失效。

（3）限制性股权。包括期权和期股，这两种方式都需要激励对象出资，通过约定，在一定的时间内，公司完成什么目标，员工达到什么考核，可以分批次获得对应的股权。获得的股权需要出资，出资后，在约定的期限内可以变成实际的股权。在行权阶段，只有分红权、增值权。因为这两种方式都有行权周期，并不是一次性获得股权，有行权的条件，同时在行权结束后，还有一定的锁定期，这些限制是避免让员工随意对股权进行处置。

（4）实股。通过出资，获得对应的股权，直接成为公司的实股股东，享受公司股东对应的所有权利。一旦给了员工实股，涉及工商变更会比较麻烦，所以实股在实际运用中需谨慎。

4. 股权来源

给予股权激励对象的股权从哪里来，一般来说是来自三个方面：

（1）预留股份。企业有预留的股权用于股权激励，一般是期权池。

（2）原股东转让。由公司原来的创始股东进行股权的转让，一是可以由大股东单独转让；二是由公司全体股东或多个股东同比例或以约定的比例转让。

（3）增发股份。由公司设定增发一定的股权给激励对象，或者通过增资扩股的方式。

5. 持股模式

当股权激励对象获得股权后，会涉及股权的持股方式。一是由自然人直接持股，就是由激励对象本人直接持股；二是由壳公司直接持股，壳公司是指有限公司、股份制公司或有限合伙企业。这种方式我们也称之为持股平台的持股方式，具体的使用，要根据公司的实际情况和各种方式的利弊进行选择和应用。

6. 激励总量

激励总量是指公司总体要拿出多少的股权数量给予激励对象，这个数量没有严格的标准，一般来说在 10% ~30% 就比较合适。比如说有的企业价值 1000 万元，10% 就是 100 万元，有的企业价值 1 亿元，10% 就是 1000 万元。每个企业的情况不同，在数量的设置上也会不同，数量的多少要结合企业的规模进行匹配和设计。

7. 授予价格

企业做股权激励，一般是针对人才所产生的价值，基于人自身的贡献，对人的长期激励，所以价格的设定高低与激励对象的积极性有关联，同时也会涉及现有股东的利益，价格既不能定得太低，也不能太高，要兼顾双方的利益找到平衡点。一般来说有以下几种常用的定价方法：

（1）以注册资本金为基准：如果公司的净资产等于或小于注册资本时，可以以公司的注册资本作为公司的价值来确定授予的价格。

（2）以公司的净资产为基准。

（3）以风险投资的估值为基准：企业在做股权激励的时候，有引进过投资方，在进行股权激励时，可以以投资方的估值作为公司的价值确定股权激励的授予价格，或者在此价格的基础上给予适度的折扣。

（4）综合因素，评估定价：可以结合公司的实际情况，结合各方面的因素，请外部第三方评估机构，对公司做一个综合的评估定价作为基准，再根据这个定价去确定股权激励的授予价格。

8. 个量分配

针对激励对象，每个人可以获授的股权数量，对于上市公司来说，法律上有相关的规定，上市公司任何一名激励对象通过全部有效的股权激励计划获授的股权，累计不得超过公司股本总额的 1%；对非上市公司来说，法律上对这个数量没有特别的约定，但具体的分配上也应该相对科学公平，避免老板个人拍脑袋决定。

结合激励对象个人的收入和福利水平，根据其所在岗位的重要性及不可替代的程度，以及在公司工作的年限，激励对象个人收入的预期等方面，进行整体地考虑，科学设置激励对象的个人数量。不要一刀切，要有区分，区分的标准要做到合理、相对公平。

9. 业绩考核

一般来说，要从公司层面和员工个人层面两个方面考虑。公司层面主要是设定公司的整体发展目标，激励方案的实施要与发展目标相结合，在目标完成的情况下，才能分红或行权。个人方面要设定个人的股权激励考核条件或与公司原本的考核相结合，避免员工获得股权后放松自己，出现个人考核下滑，以及不公平方式的存在。

10. 退出机制

股权激励中退出机制是对企业和员工的双重保障，约定如果在方案实施过程中员工出现离职或者相关变动，对应的股权怎么收回或者怎么处置，同时也会约定激励对象如果触碰企业的底线，对应的股权怎么处置。既保全了员工自身对个人出资后，如果离职所担心的自己已出资金的问题，也规避了因员工触碰底线给企业带来影响的风险。

第二节　干股激励实操手册

对于一个企业，做股权激励的重点是结合企业的阶段、行业、发展情况、人员结构、薪酬体系等方面进行考虑。不同的企业采用的方式不同，对于非上市公司的股权激励应当遵循先虚后实、短期激励与长期激励相结合的原则。虚股方面先来分享一下干股对于企业怎么应用，有哪些关键点需要注意。

一、干股的定义

干股并非法律术语，而是企业管理中的一种激励手段。《乔家大院》中，乔致庸对手下伙计用的身股激励，也算干股激励的方法，并取得了一定的效果。可以理解为在公司的创设过程中或者存续过程中，设立人或者股东依照协议给予非股东的只有分红权的股份。对于这部分股份叫作干股，但是获取人无须出资。

二、干股的特点

干股的获得是基于双方协议的约定而取得，而非出资取得，一般也会以岗位股或者分红股等方式体现。有且仅有分红权，无需公司章程体现，是公司股东分红权的一种让渡。一般以分红协议或者赠予协议而呈现，并附有一定的约束条件。

三、干股的授予对象

（1）员工：对公司有贡献的核心人才，比如技术骨干、单店店长等。

（2）资源股东：外部资源，可以给到公司支持的人，比如核心关系者、某种公共权力者等。

（3）专家技术：在某一领域拥有专业或者某种技术诀窍的掌握者。

四、激励模型

（1）基于存量的分红模型：针对公司原有的利润进行一定比例的

分红。比如去年某公司盈利 200 万元，今年该公司规划，公司盈利 200 万元以内干股获得分红 5%。

（2）基于增量的分红模型：基于原有目标超额部分的利润进行分红。比如某公司去年盈利 200 万元，今年规划盈利 200 万元以上 300 万元以内的分红 8%。这部分就属于增量的分红。

（3）基于存量加增量的分红模型：把以上这两种方式结合，即存量加增量分红，这种存量加增量分红的方式，既解决了员工缺乏安全感的问题，又可以有效地调动员工的积极性。两者的结合就形成了公司的一种动态激励模型，让员工干得越多，分得越多，也可将增量的部分分为几档进行组合。

干股激励的方法不仅可以用在盈利的企业中，即使是亏损的企业也可以使用正确的激励模式来提高企业的盈利能力，即对企业减亏的部分进行分红，如果去年企业亏损 50 万元，今年亏损 30 万元，在少亏损的部分（20 万元）中拿出一定比例（比如 30%）来奖励员工。但如果是商业模式或行业出了问题，那可能就要考虑其他的方式进行激励。

永辉超市的合伙人机制中单店的超额利润奖励就是采用这种增量的方式进行的激励，只不过永辉超市的超额利润奖励有上限设置。

对于利润不好计算或者利润不方便公布的企业，企业可以把营业额作为激励的依据，如需要充卡消费的美容店或者餐饮、教育机构等都可以用此方法来激励员工。

五、激励力度

（1）数量的多少：对于用多大的比例进行激励，要参照企业的行业、盈利情况等来确定。比如连锁单店，盈利情况好，现金充足的，营业额度偏小的，比例可以大一点。商贸类的整体公司层面的，营业额度或者利润偏高的，比例可以小一点。具体比例应从激励人数的数量、公司的利润、行业、销售能力、岗位价值等方面进行综合考量，科学的计算和分配。避免有人激励过量，有人激励过少，造成激励效果降低。

（2）激励条件：激励条件是基于激励对象获得分红的约束或者对赌性质的条件，比如核心技术人员可以要求技术开发或者商业销售达到一个什么量的时候，激励对象获得对应比例的分红，这个条件决定干股对应的分红能不能拿到。如果没有激励条件，就起不到激励作用，会造成员工认为公司盈利了，不管有没有增长，员工有没有付出，公司都要给我分利润。

六、退出机制

一般遵从人在股在，人走股灭的原则。退出会从正常离职、非正常离职两个方面考虑，包括激励条件的达到等，分别进行退出的约定方式。

七、发放方式

很多人认为，干股激励的发放方式就是发钱，这是常规的思考方式。干股激励存在的最大问题是现金流，而现金流往往是企业生存的水源，所以要结合企业的情况选择发放方式，避免因此影响了现金流，导致企业发展困难。

常见的发放方式是现金、现金＋虚拟股奖励（相当于华为的配股，干得好，干股对应的分红可以一部分发放现金，一部分再折合配股）、现金＋消费性资产（如车、房子等）、现金＋福利计划（如出国旅游）。虽然发放方式不同，但其核心内涵是一致的，就是给员工的激励方式一定是员工想要的，这需要老板在事前进行充分的调研，对员工进行量身定做的激励。

干股激励既是虚拟股的一种方式，对员工来说也是一种劳动报酬的所得，对企业来说一般是计入管理成本的。干股激励所有的约定一定是基于激励方案和协议的匹配，才具备完善的激励体系，规避员工与企业发生纠纷的风险。

目前我们常讲的“干股”就是红利股，不办理股权转让，不办理工商登记，职工离职后，干股就不存在了，但是可以分红。实际上，这种干股并不是股权，取得这种干股，并不具有股东身份，属于企业的管理范畴。但对于员工的激励来说应当是长期结合，并且考虑到未来员工的归属感和价值体现，所以前期的干股激励会起到一定的作用，长期考虑就要结合限制性股权、期权、期股、实股等其他模式了。

比如当激励对象连续三年达到激励条件，获得干股的分红收益，就可以考虑将这部分干股对应的股权出资变成实股，或者说以期权的方式按照当前的股权价格，三年之后进行购买变成实股。结合企业的发展、员工的晋升、激励体系等设置股权的晋升通道，达到持续的激励效果。

第三节　股权激励时区域团队是成立分公司还是子公司

对于集团化运作或者需要开发全国市场的一些领域或者行业来说，在实施股权激励时，会采用分层、分级的激励模式，也就是自上而下或者自下而上的串联式。也就是上层来讲，基于母公司层面的管理层、核心人员的激励，到分/子公司或者单店的激励，既有单独的，也有晋升式的。在实际操作中，常遇到的一个问题是——团队拓展，快速开拓市场，到底是成立分公司好，还是设立子公司的模式好。

张总的公司是做某一行业的国外独家代理，总部在深圳，产品是做全国市场的。

自成立以来，一年的时间，公司整个运营模式、团队管理、合作模式等都形成了统一的标准。公司有30人左右的储备团队，张总打算，自第二年起，以每年5家的速度进行全国各地分/子公司的拓展，想利用股权激励的方式留住核心人才，并且能够激励这些储备团队去积极开发各地市场，成立独立的运营团队，自主经营，公司赋能。前期的整体激励方案基本都成型了，但是在成立分公司还是子公司上，张总犯了愁。因为他身边有朋友说分公司好，可以全部管控；也有朋友说子公司好，便于操作。

相信这种情况，对于要做全国市场，需要在各地市设立分支机构，组建或者合作运营团队的公司来说，都是比较纠结的。

单纯从股权激励的角度来讲，其实分支机构是以什么形式设立的并不重要，重要的是设立好对应的激励条件，以及公司与运营团队的利益分配，公司层面的管控体系、标准等，这样就可以达到激励的效果。即使是以虚拟公司的形式，也一样可以做好股权激励。

但是对于一个企业的发展来说，应当是从长计议，尤其是准备走资本市场的公司，要结合公司的发展并从经营规划、税务规划、法律风险规避三个角度来综合考虑。

1. 从经营规划方面来看，分公司要比子公司更有优势

分公司的管理可以一管到底，从上到下，母公司都能做到监管，子公司则因为有独立的法人和董事会，所以管控的力度会小于分公司。

2. 从税务规划方面来看，分公司要比子公司有优势

比如总公司下设两家企业，A公司在苏州，B公司在杭州，2018年A公司经营亏损500万元，B公司则盈利500万元。如果这两家公司都是分公司的情况下，从公司总部的角度来合计计算，经营数据就是持平，既无盈利也无亏损，公司不需要缴纳税款。如果这两家公司是子公司，A 公司今年盈利 500 万元，首先这 500 万元要在 A 公司所在地苏州进行企业所得税的缴纳，而 B 公司亏损 500 万元，就不需要缴纳税款。这样从缴完税款再合计到总公司计算盈利状况，那么总公司的经营数据应该是亏损的。

3. 从法律风险规避方面来看，子公司要优于分公司

首先，分公司不是独立的法律主体，不具有法人资格，是无法独立承担责任的，如果总公司下设的任何一家分公司出了问题，最终会把问题抛给总部，总部负相应的责任。而子公司是独立的法人，可以有董事会，有实际的注册股东，假设其中一家子公司出了问题，子公司本身有承担责任的资格，公司总部就不会受到牵连。

结合以上三个方面，对于企业来说如何选择分/子公司，要从公司的战略出发，综合考虑，从而选择最佳方案。

- 对于一些区域以经销商、代理商这种与本地资源进行的合作，建议还是选择子公司的方式，一旦子公司出现问题，当地的资源股东本身就有一定的风险防控，可以很好地处理问题。而且所在地的子公司也可以释放更多的权限，自主经营，充分发挥子公司负责人的积极主动性，创造更多的利润。

- 对于一些前期不适合成立子公司的行业，由公司自派人员，总部统一管理，前期运营还不是很成熟的，可以先以办事处、分公司的形式进行设立，培养分派负责人及团队的自主经营能力和承担风险的能力。随着公司的发展，可以进行转变，这样有一个过渡的过程，有益于公司的良性发展。

第四节　新项目，如何对聘用的经理人做股权激励

最近遇到几个客户咨询同一个问题，就是关于一个人的股权激励怎么做？大概的问题就是，现在很多老板在前期创业多年的沉淀中积累了一定的资源和资金，他们看好一个新的项目，但是自己并不太专业，或者本身原有的产业并不能就此放手。这个时候正好找到一个行业的优秀人才，可以负责新项目的运营和管理。但是又担心只给工资对方不太用心，所以就想给些股权让他干得更好。于是就出现了对单一个人如何进行股权激励的困惑。

具体应该怎么去做比较好，这中间又会出现什么样的问题呢？

一、考虑老板和经理人双方想要什么

对于这种情况，我建议先从两个层面去分析一下主要关键点：

1. 老板想要什么

- 愿意拿出一部分分红给对方；
- 希望对方能够尽心尽力，把事业当成自己的；
- 担心对方有短期行为，损害公司的利益；
- 担心失去控制权（管控、财务、人员）；
- 万一人离职了带走资源怎么办。

2. 激励对象想要什么

- 愿意付出时间去干好一件事；
- 工资是基础保障，分红是动力；

- 分工和授权明确，有主动能力；
- 最好不出钱，降低损失风险；
- 财务是不是透明、公开的……

通过以上两点的分析后，再结合项目所在的行业、地区、团队等情况进行规则的设计和制定。无论是做股权激励还是股权设计，重要的思维模式是提出正确的问题，找到符合的答案，形成理解的文字，就成了合作的协议。

对于股权来说，我们不要把它当成一种捆绑，而是一种分享，让有贡献的人获得对应的收益，同时做好风险的把控。结合双方的需求，我们可以简单地用一个表格，如表 6－1 所示。

表 6－1　股权激励中老板和激励对象的诉求及对应的风险把控

老板想要的/担心的	激励对象想要的/担心的	是否矛盾	统一方式	规则约定/风险把控
把事业当成自己的	做自己的事业	否	共同做事	你投资我投人
万一离职了怎么办	离职不要有风险	否	离职约定	人在分红在，人走分红消失
股权给多少	分红分多少	否	先分红后股权	前期虚拟，后期可以转实，约定时间周期
要不要出钱	不想出钱	是	保证金	人走钱退
其他	……			

我为什么建议先去做分析呢？其实这是一种思维方式，也是一种方法，通过分析才能获得最直接、最关键的信息，然后再把这些关键直接的信息变成双方的约定，形成协议或者方案，就成了一个充足的、合适的激励方式。

二、形成合适的激励方式

从股权激励的角度来分析，有几个关键点是我们要着重考虑的：

首先我们还是先定原则：人在股在，人走股灭。从虚到实，逐步考虑，考核指标，激励约束。

1. 方式

可以先以虚拟股（干股）、分红权来考虑，如果有些行业前期不盈利或者达不到分红的预期，就不合适，需要重新根据项目来选择合适的方式。后期根据双方磨合和实际工作中职业经理人能力的展现，可以在一定周期内变成限制性股权，然后再变成实股，有周期，有限制，有考核，最终才能实现人才变合伙人的路径。

2. 数量

根据行业和项目本身的盈利情况来定，结合对方往年的年薪收入，匹配股权分红的收入，做初步的测算，激励不能过度，也不能过低，不然效果体现不出来。

3. 是否出资

虽然只是虚拟分红，但是为了避免短期风险，同时也要让对方的责任心更重一些，建议要出一部分资金作为保证金。根据分红对应比例的多少来确定保证金的一个数量，如果中间出现短期行为，可以从保证金中扣除，后期不参与分红或离职的时候，保证金可以退还。

4. 考核约束

建议从销售额和利润两个指标和权重来进行考核，行业不一样，或者项目的发展周期不同，这个指标可以结合自己实际的情况进行调整。考核指标设定最低的完成率，完成才分红，完不成没有分红。

5. 分红方式

可以考虑固定和动态化两种方式，固定就是对应分红比例一成不变，动态化是可以结合公司的目标或者利润的完成，进行阶段式、动态化的分红，干得越多分得越多。

6. 退出约定

从正常和非正常两个方面去考虑，红线是不能碰的，原则无论是离职还是红线触碰，一定是一旦人离开，股权自动消失。

7. 契约

任何不签协议的约定都是有风险的，所以在前期规则制定的前提下，双方形成方案或者协议，然后进行签字确定。考虑到公司发展过程中的变化和其他不确定的因素，可以给这个方案或者协议设定一个期限，期限内按约定，期限后可以按约定也可以另行约定。

三、还需要考虑非股权方面的问题

这些是从股权激励的角度去分析，并进行设定的方式方法。但实际上在公司运营过程中存在很多问题，我们千万不要以为股权给了，分红给了，就起到万能的作用了。其中的风险并不是一纸协议能约定的，对于老板来说，还需要考虑其他非股权方面的问题。

1. 日常的运营管理

建议制定对应的管理制度，比如关键会议的召开，老板本人要参与，可以放权，但要有监管。即使给了股权，收了保证金，但对于职业经理人来说，无论怎么做都会保证自己利益最大化、风险最小化，但是老板是真金白银的投入，所以前期的这些管理，老板本人一定要参与制定规则，并做好监管。

2. 股东思维的培养

对于聘用的职业经理人，虽然我们给了股权，让渡了分红，但是在他们没有创业经历的前提下，他们的思维方式依然是经理人的思维、打工者的心态。对于老板来说，是希望在这个过程中能将他培养成合伙人的，大家一条心，共同做一件事，不怕分钱。但是，如果没有做好股东思维的培养，是很难自己主动变成股东思维，一切以公司、以股东利益为出发点的。

怎么培养他的股东思维呢？个人建议是在日常运营和管理的前提下，老板本人做思想的正向引导和价值观的传递，同时给予合理的、逐步的授权。老板首先要把对方当成合伙人，让对方有被尊重的感觉，形成合伙人的文化氛围。

3. 公司的发展规划

多数老板除了新项目公司外，还有原来的产业或者其他事情在做。这种情况下，他们对于这个新项目公司的发展规划就显得尤为重要。是单纯地挣点钱还是真心做点事，决定了这个公司未来的发展，包括团队的组建，以及老板本人的定位，也决定了这个项目能不能长成大树。不同的规划下，发展路径和运营方式，以及老板本人精力的分配都会不一样，这也是比较关键的。如果老板本人认为项目不错，但只是投钱简单起步，然后就全权交给职业经理人了，职业经理人只会想我就先干，至于公司未来怎么样，战略发展怎么样，那不是我考虑的问题，那么对于公司的明天也就不明朗。

无论我们是基于什么样的情况去做这样的安排，都取决于老板本人怎么布局，小老板做事，大老板做势。你的初心决定了你的结果。

第五节　一张表看懂股权激励时财务要不要公开

应邀给一家企业进行股权激励知识的培训时，公司负责与我对接的李经理向我提出了自己的困惑：

“苏老师，我们这次培训的目的主要是为了让大家了解什么是股权激励，这对我们有什么意义呢？做了股权激励之后，老板应该怎么做？”

“老板虽然提出做股权激励，但平时总是哭穷，到时候我们能不能分到红很难说。股权激励应该是把双刃剑，我们按要求做好工作，老板是不是也应该有所改变？我们以前也做过一次关于薪酬绩效的改革，没有下文。到时候公司的财务是不是可以公开？”

这是作为公司的员工、未来的激励对象向我们提出的问题。实际上对于公司的财务是否公开，我们经常遇到的是老板向我们提出：“是不是做了股权激励，财务一定要公开呢？”这个问题对于企业来说是非常关键的，涉及老板、员工双方的利益问题。

表面上看，我们说的是公司的财务是否清晰、透明，本质上是员工对于老板是否信任，老板对于员工是否诚信。

一、老板舍得分，员工愿意跟

对于企业做股权激励能否真正落地，最关键的两点：一是老板是否舍得分；二是员工是否愿意跟。

老板舍得分：是基于对员工给公司带来的贡献的认可，认可公司的价值是由团队做出来的，能把员工当成背靠背的兄弟，也希望跟着的兄弟们能得到实惠，是一种真正的大格局、大胸怀。股权是给他们的实惠，也是给他们身份正名的象征。

员工愿意跟：取决于员工对公司的认可，觉得公司的行业、产业、产品、模式等符合市场的发展，公司能够有长久的发展、持续的收益。同时觉得老板值得跟随，老大对兄弟们既有人文关怀，又有物质激励，说到做到，不会亏待了兄弟们。

只有公司完全符合以上两点的情况，对于做股权激励来说，财务是否公开，并不是最重要的，重要的是股权这件事，让谁参与，怎么参与，如何做到公平公正。

财务作为公司做股权激励重要的指标，到底要不要公开？

首先取决于双方的信任，背后是我们如何选取财务指标，用什么样的方式进行合理的计算。不同的公司采用不同的计算方式，可以解决这个信任的问题，或者说大家对财务关心的问题。

员工希望财务能完全透明公开，对于财务有一定的担心：

（1）对老板不够信任。

（2）担心自己拿钱后，分红时财务数据不真实。

老板希望财务不要公开，避免引起不必要的麻烦：

（1）担心员工知道公司的真实财务数据，万一以后有麻烦，员工会投诉。

（2）害怕员工知道自己赚了多少钱，心里不平衡，出去自己干。

（3）担心员工知道自己的产品供货渠道、价格，对外泄露。

（4）担心有些不好计算的或者不好显现的财务，不知道怎么处理。

无论是站在员工还是老板的角度，财务指标都是股权激励实施的关键。从长期发展和规范治理的角度看，企业财务需要向规范化、透明化逐渐过渡，但从公司内部员工激励的角度看，寻找显性指标并达成共识对推进股权激励的实施有关键作用。那么，在企业财务不太规范的情况下，如何计算公司的利润，用哪种方式去计算，可以避免这种财务要不要公开的问题？

二、财务不能透明时，几种计算利润的方法

结合我们多年股权激励咨询的实际经验，总结出以下几种方式：

1. 毛利

如果企业核算不清楚管理费用、销售费用和财务费用这三项费用，

员工对老板也不够信任，此时可以以毛利计（毛利 = 营业收入 − 直接成本）。实践证明，大部分员工对此都能接受，这种方法能够充分考虑原材料和直接人工波动带来的企业经营风险，让员工收入与企业的经营绩效紧密挂钩。

2. 模拟利润法

对于非上市或刚刚创业的中小企业来说，员工可能不太信任财务报表中的净利润。此时，可以用模拟利润来代替，即设定一个分红比例，附加一个考核条件，并根据考核条件调整模拟利润。实际操作时，模拟利润的数据不需要过于精确。

模拟利润 = 公司的营业收入 − 总成本 − 期间显性费用 − 其他成本费用

特别说明：总成本包括人工、原材料、销售费用等。期间显性费用包括财务费用，可以计算清楚的、看得清楚的费用。其他成本费用主要包括税费、公关费用等，这些不好计算或者不确定、不透明的费用可以计入其他成本，选取销售额一定比例进行提取计算，比如每年按照销售额的 10% ~20% 。

3. 对比取高者

在公司不好规范或者一些费用不好计算的情况下，可以选择销售额的一定比例（比如 5% ~10% ）和公司公布的实际净利润两个标准，以其中高者为准进行计算。一般公司的销售额是比较容易公开和透明的。选择销售额的一定比例就相当于有了基准点，如果净利润高于这个比例，员工也比较容易接受以净利润为指标。

4. 利润总额

如果公司的管理费用、营销费用、财务费用，这三项费用都能够核算清楚，而且员工也能接受，按照公司的实际营收减去三项费用得到的利润总额，来作为财务指标的关键点也是可以的。这种方法相对简单、易操作。

5. 净利润

如果员工对企业前景看好，对老板信任，即使他们对公司的财务不清楚、不熟悉，也会接受公司公布的净利润数字。然后随着股权激励的实施逐渐规范公司的财务体系，等到一定程度，就可以全部公开透明，承担一定的规范成本，选择对应的审计机构进行审计。

结合以上几种情况，我们用一张表总结一下，更直观，如表6－2所示。

表6－2　财务公开的指标及适用类型

财务指标	适于公司类型	双方信任度	方式	优势
利润总额	产品单一，销售方式单一，三项费用能清楚核算的	中	利润总额＝营业收入－管理费用－营销费用－财务费用	简单，容易计算
毛利	生产型公司或回款跨度大，工程类或者资源关系类型的公司	中	毛利＝营业收入－直接成本	不因成本或原材料价格波动带来很大影响
模拟利润	创业初期，利润不好计算，员工对财务报表信任度低；公司有一些不方便计算的费用或者成本等	低	模拟利润＝营业收入－总成本－期间显性费用－其他成本费用	不好计算、不透明的一些费用可以用其他成本进行计算
净利润	净利润能如实反映，员工信老板、信公司的企业都可以	高	净利润	数据真实，快速推动公司的财务规范
对比取高者	销售型公司，比如商贸类、业务类，也适用于其他普通公司	低	销售额一定比例与净利润取其高者计	容易计算，简单操作

公司的财务指标是企业股权激励落地的支撑，如果不能做到如实反

映或者合理的计算，是比较难落地的。

对于股权激励来说，我们还是建议企业能够采用第三方来帮企业做落地。在第三方的实施过程中，会梳理企业的问题，并根据实际情况来制定合适的方案，包括员工对股权激励的认识宣导，财务指标的设置，员工的约束、退出，以及企业后续的运行等。既能解决员工对老板不够信任的情况下如何实施股权激励，亦能解决关于财务是否要公开的问题。

第七章

你犯过这些股权激励的错误吗

第一节 股权激励不是股权分配，更不是股权改制

越来越多的企业关注员工的发展，关注企业内部合伙人的发展，越来越多的老板懂得利用股权去换取资源、资金，懂得利用股权去激励员工，懂得利用股权去拓展市场。

其实很多老板对于股权激励的概念是模糊的，所以就会出现这样的问题：

- 我想针对公司的一些优秀人才，给他们一些股权，激励和留住他们，你看股权怎么分配比较好？
- 我们公司有多年的老员工，还有一些年轻人，我想给这些对公司有贡献的人一些股权，未来把企业发展得更好，你看这个股改我应该怎么改？

这两个问题的出现，最关键的是大家把股权激励理解成了股权分配与股权改制。其实他们之间的区别很大，用不好就会让员工得了股权还抱怨，或者拿了分红就走人，再或者老股东会认为你要动他们的利益，他们不同意。

股权分配、股权改制、股权激励三者之间到底有什么区别？

一、股权分配

股权分配，从字面上就不难看出，重在分配。所谓的分配是：我们现在有一块蛋糕或者说我们马上要做一块蛋糕，咱们几个人一块出钱、出面粉、出鸡蛋、出技术等把这块蛋糕做出来，提前定好谁吃多大一

块。所以，股权分配一般是针对以下几种情况：

- 初创期公司，几个人合伙，大家共同出钱出力，股权怎么分，提前定好分配；
- 新项目启动，有投资者、有经营者，大家共同发起，股权怎么分，提前定好比例；
- 项目启动后，要增加新的外部合伙人，真金白银投钱进来，股权给多少，怎么给。

二、股权改制

股权改制，同样还是先从字面上理解，重在改制，那什么是改制？

企业改制是指依法改变企业原有的资本结构、组织形式、经营管理模式或体制等，使其在客观上适应企业发展新的需要的过程。企业改制可分为整体改制和部分改制。另外，公司制企业、合伙企业、个人独资企业是原有企业改制的主要形式。

企业改制也指企业所有制的改变。通常我们所提到的企业改制是指国有企业的改制，但广义上也包括其他性质企业的改制，比如集体企业的改制、股份合作制企业的改制、中外合作企业的改制等，甚至更多类型的非企业单位，比如事业单位改制，也被统称为企业改制。企业改制的目标包括有限责任公司和股份有限公司，特别是随着企业上市的需求增大，很多企业将上市股份有限公司作为自己的改制目标。

企业改制可以用一句话总结，就是企业的性质发生变化，比如历史沿革发展过程中集体企业变为股份合作制公司，比如国有企业改制成私有制企业，有限责任公司在新三板挂牌或 IPO 前要先变成股份制公司。整个实施过程周期漫长而复杂，涉及律师事务所、会计师事务所及相关的证券、工商等相关部门。

在这点上，很多人会认为自己是股改，不是改制，不改变企业的性质，只是把股权改了。在实际操作过程中，很多老企业，或者说经营超过 10 年的企业，老板原本的目的是想通过股权激励员工，但是在大的概念里首先提出来的是股权改制，因为他们认为就是把公司的股权改掉了，股东发生变化。这时候会容易引起老股东的想法，会认为动了他们的蛋糕。

其实股权激励在一定的意义上也可称为股改，从股权思维的角度上来看，因为股权激励和股权有关系，虽然是利用股权的方式激励员工、引入优秀人才等，也可以理解成是股改。但不能在实际操作中真的做成股改，那就大错特错了。

三、股权激励

股权激励其实是企业一种长期的激励机制、制度的安排，它可以伴随企业发展的各个阶段和周期，重在激励而不是分配、股改。旨在通过股东利润分成、公司虚股或实股、期股或期权等激励模式，使企业和股东与人才（合伙人）、资本、资源形成需求共同体的激励机制。

既然是激励机制和制度安排，实际上股权激励更应该属于企业管理的范畴，它运用了股权思维中分享的维度，将股东所属权利当中的某项或某几项权利以单独或者组合的方式，达到让员工、外部资源、专家、资金等对公司发展有价值的人或机构通过股权的形式，有效地、长期地、共同创造、共同分享地结合在一起，建立企业的利益共同体、事业共同体、命运共同体。

通常我们看病应该是先去医院挂号、医生问诊、检查，然后是开药。比如感冒了，我们也会去药店买药自己治，不需要去医院就诊。其实感冒也分为风热感冒和风寒感冒，虽然症状都差不多，但是用的药不太一样。如果用的药不对，会让病情加重或者好得比较慢，甚至有后遗症。其实企业的股权激励相当于感冒，股权分配和股权改制就是我们用错的药方。

通过表7－1，能非常直观地对比出为什么股权激励不是分配、股改，就好比医生看病一样。

表7－1　股权激励、股权分配、股权改制的区别

企业年龄	初创期、发展期、成熟期、衰退期	
企业症状	老板孤军奋战、公司成本增加、团队士气低弱、员工流失严重、公司变成黄埔军校、投资人信心不足、项目中途夭折	
治疗方法	用法	副作用（效果）
股权分配	老板凭感觉选出几个人，然后每人定个数量，员工拿点钱，工商变更	1. 刚开始有效，后续可能会造成员工不再积极，坐等每年的收益 2. 在其位不谋其职，下面人上不去 3. 数量不科学、公平性差，激励一批人，激怒另一批人 4. 没有退出机制，人走股不退，造成纠纷
股权改制	把有限责任公司改成股份制公司或者是从老股东手中拿出一些股权，进行工商变更	1. 没有激励作用 2. 不是共同做大蛋糕，而是分原来的蛋糕，老股东会有意见 3. 员工直接变股东，思维还是员工，对经营产生影响
股权激励	调研了解公司的现状，出具系统的方案、通过科学的方法测算数量，制定对应的考核机制和退出机制	1. 员工积极性高，把企业当家 2. 公平公正 3. 员工有进有退，股权可放可收 4. 激励到位，病症消退或减轻 5. 建立自身的免疫系统

第二节　为什么实施股权激励后，员工还离职了

曾经遇到过一个项目，主要是针对三五个人合伙的股权设计，在沟通的过程中，发现有两个合伙人都来自之前的同一家公司，从上家公司

离职的时候，都获得了上家公司的股权，并且享受了对应的分红收益。我有点诧异，为什么给了股权，还离开这家公司呢？

其中一位合伙人说，因为他不太喜欢原有公司的体制，而且自己的上司升职后，本应该他接位的，却安排了另外的职位给他，虽然两个职位从职级上相同，但是对于他来说，这并不是自己想要的发展方向。

另一位合伙人说，像他们这种行业，目前做得比较好的大公司，都属于体制老化的，对于人才的重视和晋升都不能得到很好的体现，而且越往上岗位越有限，一个萝卜一个坑，只要这个岗位上的人不离开，下面的人就无法晋升。上升空间有限，瓶颈期很难突破。

其他几个人也是从行业内其他公司出来的，在原来的公司也做到中高层以上的级别，能力和专业都是没问题的。基于种种原因，他们几个人才合伙共同创业，想大家一起做点事，发挥个人的能力。

通过两位合伙人的表述，表面看是某个公司的问题，或者说不是这个公司的股权激励实施得不到位，但其根本是一句话，**个人价值无法体现**。

为什么给了股权，员工还要离职呢？

股权激励到底有什么意义？

是不是企业做了股权激励就等于老板彻底解放了？

其实不是的，对于一个企业来说是动态的，所有动态的都是变化的，而变化的就是不确定的，在不确定的环境中用一个固定的思维方式去考虑，肯定不会有对应的结果。那为什么给了员工股权，公司实施了股权激励，员工反而还离职了呢？这种情况既是一种正常现象，也是一种不可避免的问题。无论公司的价值多大，品牌影响力多大，待遇有多好，如果员工在企业中得不到他想要的，他依然会选择离职。

可能会有人说，我们公司管吃、管住，工资又高于同行业，老板还实施了股权激励，多好啊！

其实这个问题并不是说企业不好，也不是说企业实施股权激励不好，而是对于真正的人才，到底需要怎么激励，才能让他们长期成为公司的一分子？这主要从两个方面来考虑：

一、员工到底需要什么

对于公司来说，要留住员工、激励员工，应该从公司对员工的整体激励体系来考虑。激励体系分为物质激励和非物质激励，而物质激励又包括现金和非现金。现金一般就是我们常说的基本工资、岗位津贴、业绩奖金等；非现金包括法定福利、公司福利及股权（分红）。非物质激励也叫精神激励，一般指晋升、培训、荣誉、发展等。

要利用好这些激励方式，得到激励效果，并不是老板想当然地去运用，而是结合马斯洛需求，针对不同层次的员工，采用不同的方式去激励。这既是从人性的角度去考虑，也是从企业发展的角度去考虑，**唯有给别人想要的，才能真正起到作用，而不是你认为的**。

对员工激励也好，或者说培养人才也好，和对待孩子、教育孩子的道理是一样的。我们总把自己当父母，把孩子当孩子，用大人的标准去衡量和要求孩子的行为，用“我这都是为你好的”的谎言去约束和限制孩子，等孩子大的时候，就一定会选择离开，因为他要寻找自己想要的，而不是父母认为他想要的。

对于员工也是一样的，企业大部分的基层员工还处于马斯洛的第一层次（生理上的需要）和第二层次（安全上的需要），在这样的阶段，他们需要的是生存。生存最好的方式就是每个月能够有稳定的收入、有部分奖励，让他们感觉到安全。激励这个层面的员工最好的方式就是基本工资加少比例的奖金，增加这部分的力度，就能提升他们的积极性。

位于马斯洛需求第三层次（情感和归属的需要）、第四层次（尊重的需要）的一般是中高层人员。这类人员已经解决了基本的生存需要，度过了安全期，他们此时需要的就是被认可、被接纳、被尊重，那我们能做的就是除了基本的工资收入外，增加中长期的激励力度，比如年终奖、团队奖励、晋升等。

再往上一个层次，马斯洛的第五个层次（自我实现的需要），到了企业的高层人员，需要的更多是自我价值的实现，怎么满足？除了职务上的晋升、能力上的认可之外，还要给予更多的能够实现自我价值的平台或者通道。比如股权、或者独当一面，让他有充分发挥自我价值的空间。

如果我们不能将员工分层分级地考虑激励措施，而是凭感觉，或者跟风，那么肯定不能得到实际的效果。

企业实施股权激励后，为什么作用不大，或者甚至出现反作用？

首先要明确的是出现这种情况并不代表股权激励不好用，而在于**我们没有用正确的方法，将正确的方式用在正确的人身上**。就好比一件漂亮的衣服穿在不同的人身上，会有不同的效果，因为人本身就不一样。也正是因为我们不一样，所以才有创新，有发展，有更好的进步。

二、怎么避免出现激励不当的问题

（1）股权激励应当先结合公司的实际情况选择适合的方式，是用干股、期股还是实股，不同的阶段、不同的人员，用的方式肯定不同。

（2）结合公司的整体激励体系，分层分级地考虑，人在哪股在哪，而不是将总公司的股权给分公司的部门经理，也不能给单店的厨师长公司层面的股权。同时，应当结合公司内部的晋升体系，匹配股权进行设置。

（3）股权激励实施过程做好充分的沟通，使员工真正认识到股权激励的意义及背后的责任，而不是获得到股权后，就可以一劳永逸了。

（4）形成系统的方案，从人员的选择、时间节点、股权的模式、价格、数量、考核条件、进退机制等全面考虑和设计，而不是老板拍脑袋决定，然后随便签个协议就可以了。

（5）股权激励给的是股份，给的也是股东的身份或者合伙人的资格，但这不仅仅是一纸文书，内容要大于形式，这个形式就是定期可以召开合伙人会议，制定哪些内容必须由合伙人会议进行研讨商定，形成议事规则。参与才是被认可、被重视的关键，而不是拿到股权后，仍然是老板自己说了算，跟以前没什么两样，顶多是年终多了一点钱而已，这点钱对于需要实现自我价值的那批人来说已经不重要了。

以上两上层面，属于关键的问题，企业是动态的、是发展的，企业是一个组织，并不是一个个人，组织应该有合理的组织架构、完善的管理体系、核心的企业文化及企业的战略发展规划，这些因素都会影响人才的留用。人本来就是有感情的动物，感情是人生活中的一部分，有些有能力的人，他必定有些个性是不能被大多数人接纳的。老板或者说这个组织有没有容纳的能力和空间，就决定了企业中是存有不同的员工，还是只存有同一类员工，决定企业的创新、发展及是否能走得长远。

如果一个企业的文化是关系型的，那对于喜欢靠能力提升、不喜欢关系的人来说，你给再多的激励也留不住。

如果一个技术型的企业的晋升通道是单一的，一个技术能力很强、但不善于与人打交道的人，因能力被提升到部门主管，他会觉得干着不爽；但如果不提升，他的个人价值和待遇也将无法得到提升，那这样的人势必会离开企业。

为什么芬尼克兹的创始人宗毅能够将公司裂变成七个公司，成就了很多人，让很多员工变成了股东、变成了创业者，就是因为他利用股权的方式，通过内部创业的机制，让真正有能力、想自我实现的人得到了发挥的机会。

股权激励对企业而言，有以下几个方面的深远意义：留住人才，吸引人才；维持企业长远发展，提高团队凝聚力和战斗力；降低人力成本。但是这并不意味着股权激励是万能的，也不是什么病都能治。股权激励的成功与否取决于是否用得对，企业发展是否有清晰的目标，不光老板自己相信，员工也得相信，还得有坚实的基础体系做保障，并在此基础上不断完善企业文化，形成以股权为纽带、以文化为标准，放弃老板个人行为，打通合伙人体系，形成有效的公司平台。

三、一位两次股权激励都失败的老板

很多人认为股权激励很简单，就是把股份分一分，其实这种方式只能称之为股权分配，谈不上股权激励。股权激励的重点在于激励，股权只是辅助的一种工具。

前段时间我们的咨询团队去诊断一家企业，是做国防装备新材料的，企业发展了十几年，成长性非常好，于 2014 年新三板挂牌上市，但是公司的股份基本上都在老板手里。针对企业今后的发展及未来接班人的考虑，公司实施股权激励是非常必要的，老板也清醒地认识到这个问题，便不停地学习各种股权的课程，但是目前为止仍然没有实施。

我们在和老板沟通的过程中发现，对于股权激励的方向和模式，听过几次课程后他自己思路很清楚，但是具体怎么做、怎么做好、怎么规范、如何起到激励作用、如何避免给错人，同时让关键的人多得，让全体员工看到希望，以及怎么符合新三板企业的特点等，他都无从下手，还是想借助第三方的力量去实现。其实这些都是表面问题，在深入交流的过程中我们分析到，他所担扰的这些问题并非难处理，从专业的角度来看，都是在股权激励实施过程必须考虑并规范实施到位的。根本原因在于他是“一朝被蛇咬，十年怕井绳”，别人是被咬一次就怕，他还被咬了两次，先看看他是怎么被蛇咬的。

第一次：公司之前一直考虑上市的问题，几年前就在准备这件事情，也找过券商。当时券商说："公司最好上市前做股改，给高管一些股份，这样上市好看。"当时老板并不懂股权到底是怎么回事儿，股权激励又是怎么回事儿，觉得券商说得应该没错，于是以大股东转让的形式，给高管们发行了近150万股，方式就是高管拿钱购买股份，最后老板因此缴纳个人所得税近30万元。结果是没有起到作用，下面的员工反而觉得没有动力，因为他们感觉老板把股份分给了高管，跟他们好像一点关系也没有。

过了一年的时间，一方面限于国家政策的发展，对于新三板企业的开放程度，感觉当时企业上市无望，员工持股增值的希望也就很渺茫；另一方面企业内部系统复杂，文化、理念及基础管理规范都不太到位，就没有再做上市计划。但为了解决隐患，老板还是决定把放出去的股份收回来，最终原价回收了员工的股份，这下又付出了50多万元的利息。这来回一折腾，人还在，钱没了。

第二次：公司计划上新三板，已经在做准备，基本上问题不大，考虑还是需要做股权激励，于是就采用定向增发的形式，依照在公司满多少年，老板凭印象及个人感情等因素，像割韭菜一样一刀切，划定公司25名员工作为激励对象。结果本来很优秀、业绩比选中人员还高的员工，就因为差两三天的时间而未被选中，对此深感不满，最后选择离开。老板最后又不得不停止了定向增发。这一番折腾下来，钱还在，人没了。

通过上面两次"被咬"的过程，我们给他总结了几个原因：

（1）股权激励的目的不明确，因此他所做的并非股权激励的事情，只是象征性地在做股权分配。

（2）所有的过程都是凭感觉，没有数据、没有测算、没有规则。

（3）激励对象的选择没有遵循三个原则：公平公正的原则、不可替代性原则、未来贡献的原则。

（4）没有选择股权激励的模式。

（5）没有匹配获得股权的必要约束条件和相应的退出机制。

（6）在自己既没有学习，也没有借助第三方专业机构去做的时候，没病也会整出病来。

股权激励的成功在于一定要有对的方法和策略，很多做过股权激励但没起到作用的原因，并非股权激励没有效果，而是方法没用对。股权激励失败的原因无非两点：一是老板的决心是否够大；二是方法策略是否用得正确，无论哪一点不匹配，都不能称之为一次成功的股权激励。

股权激励是一件非常严谨的事情，真正的股权激励实施是要明确几大要素的，比如股权激励的目的是什么，如何定激励对象，应该选择什么样的激励模式，第一次激励的股份总量和各人员的分量如何计算，价格如何确定，什么时间开始，激励对象应该符合什么条件，如果退出该如何规划等，只有把这些相关的要素都考虑到位，才算是一次合格的股权激励。

第三节　一年以内的初创期公司如何做股权激励

一、刚成立的咖啡店怎么做股权激励

小美是做咖啡冷茶饮类的连锁和招商加盟的，公司才刚注册，准备招聘员工，想用股份制分红模式，还没有特别大的进展，但是这个行业回款周期短，开店主要是收加盟费，所以现金流也比较充足。因为公司才成立，所以对于公司前景的发展，以及未来能走到什么程度，就目前

来看是不太明确的。小美之前也没有参加过股权的学习，对于股权认知就是觉得比较好，应该给员工一些股权，让他们把这件事当成自己的事来干。这说明小美的心胸还是很宽广的。基于朋友推荐，小美找到了我。

针对她的这种情况，我给了她以下几个建议：

（1）不建议全部员工都参与，先选定几个核心人员。

（2）明确公司当前的价值，共同梳理并确定公司的目标方向。

（3）可以先运用干股激励的模式或者超额利润奖励试运行一年，一年之后再根据情况做调整。

（4）对应一定的考核条件和退出机制。

（5）就约定的内容双方签订协议。

小美的这个情况关键在于她自己不懂股权，如果一开始就太复杂，容易掌控不好，简单直接才最有效。关键点是试运行一年，一年之后再调整，可以重新制定激励方案，也可以保持现在的情况。这一年的时间既可以和员工进行磨合，也可以让小美有更多时间学习一些关于股权的知识。随着公司的发展变化，股权将伴随企业的一生。

企业刚开始的员工都还不稳定，先用看得见的来激励。也可以简单理解为根据公司的目标做个测算，看看拿多少用于分红，然后设定考核目标，完成就给大家分钱，完不成就没有。

二、想单独激励一位高管，赠予股份可以吗

刘雨经营的是一家做高企认证的服务公司，才成立半年。之前听我讲过一次股权的课程，对股权知识有一定的认识和了解。

刘雨：苏老师您好，现在公司有一个核心员工，觉得这个人能力还

不错，之前也合作过，信任基础都挺好的，想从公司拿出 5% 的股份对他做激励，您看怎么做比较好？

我：先用干股或者是期股的模式，出一部分钱，约定好退出。假设中间他走了，或者离职了，要收回来。

刘雨：我想是赠予，能行吗？不让他出钱，或者是给他调整薪资，因为每个阶段都会涉及薪资的上调，我把上调的幅度降低，把股权赠予他。

我：一般不建议赠予，送的东西不珍惜，如果你非要这样考虑，要加一个条件，是他达到什么条件是赠予的，如果条件达不到是要收回的。约定清楚是因为什么才赠予的，中间条件出现了问题，也是要收回的。不管你怎么给，都要考虑这些问题。

刘雨：对，赠予的话就不会珍惜。是否可以作为一个期权来做激励，达到条件后，获得相应股权，我想了解对于创业型公司来说，哪个方式更好些、更有助于公司发展？期权制是不是更好？

我：以你现在公司的情况，不属于业务高增长的，股权价值不好体现，用期权不合适，这不仅仅跟公司有关系，还跟行业有关系。所以，建议用干股或者期股。

三、初创期的企业如何使用股权工具

初创期的企业应该如何正确地使用股权工具，做到用人、留人，并起到激励作用呢？

初创期的企业，一般处于企业的初始期，企业未来的发展还不明朗，员工入职时间较短，股权激励的使用需要特别谨慎。如果是初创期的企业，关于股权激励的实施，建议从以下几个方面考虑：

基本原则：人在股在，人走股收；先虚后实，动态考虑，短期为前，中期为后，收钱收心。

股权激励的先决条件：企业有明确的战略目标，员工认可企业的发展，对公司的未来充满信心。

1. 充分了解自己所做的行业，对行业属性进行判断

以此来确定企业是增长性强的，是盈利性强的，还是传统的行业。比如互联网类企业，增长性强，但是前期盈利性差，股价会因为增长性而提升。如果用干股，就不合适，无法分红，对员工来说，股权激励就失去了意义，也就起不到相应的作用。比如产品销售，先款后货，现金流充足。这种可能短期内增长性不高，但是收入可观。可以用员工最能看得见的方式，按照利润的增长进行一定方式的分红就比较见效。

2. 对员工能力进行评判，选择对公司当下最有价值的人进行激励

初创期的企业主要是能活着。根据企业所在的行业，判定当下活着的依据和基础是什么，这个岗位就是当下最重要的。不建议一开始只给普通员工，可以选择表现突出的人来进行激励。

3. 设置一定的等待期或者约定一个达成条件

股权激励重点在于激励，激励的背后是约束，有能力的人自然愿意等待，并愿意将自己最好的一面展现出来。无论用什么方式，一定要有一个等待期，比如公司入职满一年且考核合格，或者说当业绩达到多少时，下一年度可以给予一定的股权。敢于接受条件的人才才是真正的人才。而不是一开始就定好怎么给股权。

4. 方式简单直接

公司刚成立，运行并不太长，各方面的管理还不成熟，所以在股权的运用上尽量简洁化。一般建议只设定 1 ~ 2 年的方案内容，并将双方约定好的内容拟进协议中。1 ~ 2 年之后根据公司的发展进行方案的重新调整，或者继续应用当前的方案。这样既给未来留活口，又给当下备一手，不容易因操作不当给公司带来损失或者影响。

5. 先虚后实，退出机制必须要有

股权是企业的稀缺品，也是公司最有价值的产品，所以对于股权的使用，必须要有退出机制，要做到放得出、收得回。股权是给予那些真正为公司付出、产生价值的人的，当持有股权的人因故离开公司时，表示其不能再为公司的发展产生效力，那股权的持有也就失去了意义，要留给下一个优秀的人。

6. 协议签署是保障

我的口头禅是“任何不签协议的约定都是有风险的”，无论是对公司还是被激励的员工，协议文件的签署对双方都是一种保护，把前面几点提到的内容尽可能地约定进去，避免以后因未约定而引起误解和纠纷。

虽然说了这么多关于初创公司股权激励的关键点，但是企业真的要做股权激励，一定要选择好对应的节点。员工对于当下公司的发展是否认可、公司的方向是否明确、公司能否盈利等，都决定了股权激励的成败。从员工的激励体系来看，针对员工的激励可以针对不同层级的人员制定短中长期的不同配比，刚开始的股权一定要给那些具有不可替代性、能对公司发展带来实际绩效的人。

第四节　股东或员工退股时，　要不要退钱给他

前面我们分析了很多关于怎么合伙，怎么激励员工的话题，其实对于股东或者员工退股时，我们该怎么处理，或者说到底要不要退钱给他，也是很多企业家、创业者关心的问题。

一、合伙人退股，要不要退钱

我帮助上海的一家企业做股权的战略规划。他们是几个人共同成立

了一家公司，其中一个小股东，因为能力及人品等各方面的表现，其他股东都觉得不再适合合伙，希望他能退出，经过谈判，他也同意退出，就是在退出时股金要不要退的问题上双方无法达成一致。退出的这个小股东希望当时投入的几万元能全部退给他。而其他的股东都不同意，觉得公司目前没有挣钱，还在亏损，为什么要退给他。他直接退股，办理工商手续走人就行了，相当于净身出户。

这种情况到底要不要退钱？

这属于合伙人股权的退出，我们来设想一下，如果这个小股东持股5%，公司注册资本300万元，对应的认缴比例为15万元。当时出资了3万元，还有12万元未实缴到位。先不说他走的时候，这5%的股权是否退3万元，他退出的时候股权应该做如何处置，才算是全部退出呢？

股东会开会，同意他退出，由指定股东或者其他股东同比例购买他的5%的股权。因为公司是不能作为回购方的，只能由股东来进行股权的转让。工商的股权转让变完后，才算全部退出。

- 假设A全部接受了这5%的股权，办理了工商注册，相当于A接受了5%对应的认缴比例15万元。A接受这5%的股权后，是按照15万元实缴，还是12万元？
- 同时公司以后每年的盈利中这5%的对应分红也会由A获得。他的分红是按12万元对应的分，还是15万元对应的分？
- 如果A按15万元实缴，A会说那个小股东之前已经出过3万元了，为什么要按15万元缴？如果按12万元缴，另外的3万元算谁的？

你觉得A是否要出这3万元给这个小股东呢？

其实这个退出是一种股权买卖的退出，应该按照该股东之前的出资，由其他股东进行购买，才能获得该部分的股权。因为公司不盈利，大家会觉得亏，如果谈不好，小股东不退股，但人不在这干了，以后公司做好了，他还有权利来索取分红，那个时候在职的股东会更不愿意。

我们应该站在未来看现在，把眼光放远一点，基于公司未来的发展，对股权的价值提前做好衡量即可。

二、分摊折旧，退出时要不要退钱

一家烘焙连锁店，与几个人合伙，因为中间合作得不愉快，其中一个股东提出了退出合伙，其他股东也同意他退出，并同意退回他的部分出资。其中，店面的设备设定的是三年折旧，只合伙了一年，退出的这位合伙人要求将另外两年的折旧费退还给他，其他的股东不同意，觉得已经算折旧了，这部分钱就不应该退给他。

这种情况到底要不要退钱？

朋友合伙，贵在信任；股东退伙，因在不合。这种不合往往是没有定好合伙的规则，就是在合作过程中，大家的责权利分别是什么，定位是什么，没有提前说明。类似这种餐饮、烘焙、超市等会有一些设备的项目，对于设备的折旧问题，也是需要提前说明的。是按什么方式来折算，折算的钱是来自股东的投入，还是每年从利润中折掉一部分。

因为设备肯定是在股东出资后就进行了购买，相当于钱已经花掉了一部分。对于股东出资的钱中被折旧的部分是否退还，如果先前有约定不退，那就按约定执行；如果没有约定，必然要退未折旧的部分。设备的折旧是分年来折的，在没折之前对应的资金并没有折掉，股东退出时，未折掉的部分应该退还股东。

我们纠结的往往是当下的利益，没有往前看到后来的利益。所以大家才会觉得他都要走了，为什么要退给他。所有能花钱办到的事，都是小事，退一步海阔天空。

三、员工激励，离职时退股要不要退钱

某公司激励员工，当初以奖励的方式，给了员工5%的股权，员工没有出资。干了两年后，员工提出离职。老板要求收回股权，员工提出按照公司的净资产价格，收回他持有5%的股权。老板则认为当时是以奖励的方式给的股权，员工并没有出资，应该以不出费的形式把这5%收回来。

这种情况要不要给钱？

有因没有果，像无根之水，不知道怎么来的，不知道流向何处。合伙不同，股权不同，是股东他就有对应的权利和义务，如果不能提前做好规避，最后就会出现这种意见不一致的情景。这种情况下只能进行双方协商，协商不成就只能走司法程序。最后，老板还是要付出一定的经济代价的，同时还付出了很多的时间成本。

奖励的股权不需要出资，背后一定是时间的付出和业绩的体现。所以我们在给员工股权时，一定要明确基于什么给的。员工要达到什么条件，达不到怎么办。比如：

- 连续三年达到某一业绩，可以获得该股权的所有权，进行工商变更，没达到无条件收回；
- 奖励的股权仅作为每年分红的收益条件，不享受其他权利。人离职，股权按照奖励的价格收回；
- 获得股权后在公司工作满十年，退出时，可以退出一部分股权，保留一部分，或者退出时按照市场价格进行回购。

条件的设定决定了股权用得好不好，激励得有没有效果。反之就是纠纷。

基于退股时，钱要不要退的问题，我们先来看一个逻辑关系。

股权背后对应的是股东的权利，在股东的权利中最核心的是分红权。假设股东或者持股员工退出，相当于这部分的分红权要收回，谁收归谁。我们获得收益的同时，没有付出任何的成本，这种收益一般叫投机或者捡钱。如果我们进行了出资或以其他形式进行了价值输出，那就叫机会、机遇和投资。

你会说："既然是投资，公司亏损，总不至于也要给钱吧?"双方同意的情况下，可以少给。因他退出你要回购他的股权是为了避免他持有股权而不干活，持续享受公司未来的收益。除非是公司清算，申请破产，那自然要承担对应的亏损。当然，双方提前都约定好了，如果合伙前两年，股东退出时，公司不盈利，退出的股权不给钱，那必定按约定执行。

合伙不易，且行且珍惜。亲兄弟明算账，丑话说在前头。

合伙过程中出现以上问题，多数是因为在合伙之前大家只说了怎么出钱，没说怎么退出。没有针对合伙人退股时退出的方式做约定。如果双方提前考虑到这种变动性，提前做了约定，就不会造成这样的困扰了。

股东或者员工退出时，需要注意的几个关键点：

（1）重点在于价格：如有约定，按照约定的方式进行；没有约定，需要双方进行协商，这个时候企业方需要有大格局，以当下花小钱而规避以后的麻烦。

（2）付款建议分批次：有些股东或员工的投资额会比较大，一次性支出一是费用筹集有难度，二是也会对公司的现金流有一定的影响。

（3）做好风控：如涉及股东或员工的相关工作交接、工商变更手续的办理等，建议结合汇款方式的分批，以最后一批为节点，以完成工作交接、工商变更等事项为结束，来支付最后一批款项。

第八章

基于合伙人战略的顶层设计

第一节　企业为什么要搭建基于合伙人战略的股权顶层设计

前面几章我们重点分析了合伙人的设计及案例的解析，其实对于一个企业来说，如果单看其中一个章节，看到的都是一个点，而这一点只能解决你当下那个点的问题。企业的发展遇到的问题有很多种，作为老板来说，一定要基于股权的全局思维，站在未来看现在，再结合当下的那个点去做对应的设计。怎么才能有全局思维？需要老板拉升自己的高度，才能有更深层次的思考。这就是企业要考虑顶层设计的问题，至少老板要了解什么是基于股权的企业顶层设计，为什么要站在未来看现在，去搭建合伙人体系、布局合伙人战略。

一个没有顶层规划思维的老板，就好像一个没有读过书的人，也会觉得自己的孩子读书不重要、学习不重要。企业跟孩子一样，你赋予它什么，它就有什么可能。

一个能站在高处、有顶层思维的老板就好像一个上过大学的父母在教育自己的孩子时，知道应该怎么让他去学习、去规划自己的人生或者未来，才能避免走弯路，避免人才变成废才。能够高看一步的人，才能将当下做得更扎实。

同时也能更清楚地看到，在通过股权整合资源的时候，如何做好股权的布局，以什么方式去考虑，针对不同的合伙人，应该把他们放在哪个位置上，如何设计好自己的控制权。

一、没做好顶层设计的弊病

孟总加盟了一家母婴品类中一个细分的品牌，在实际运营中品牌商给予的支持乏力，后续还需要缴纳各种费用，加盟店遇到技术上的问题时，总部也不能给予及时的支持。孟总遇到的问题，和其他一同加盟的老板相同。但是大家对这个行业的未来还是非常看好的。目前市场上除了几家新三板挂牌的企业之外，还没有一家公司走到资本市场，有很大的发展机会。后来在孟总的提议下聚集了七八个人，决定成立自己的公司，要做自己的品牌，解决原来加盟中遇到的问题。这个行业的发展，正好处在关键期。他们很快成立了公司，股权结构如表 8－1 所示。

表 8－1　本案例股权结构表

股东姓名	持股权的比例
A 股东	21%
B 股东	20%
C 股东	19%
D 股东	15%
E 股东	10%
F 股东	10%
G 股东	5%

谁先走在前面，快速地占领市场，谁能够更好地服务客户，拥有更多的品牌代理，拥有更多的品牌店面，谁就能最快地做起来。他们在讨论怎么更好地发展时，想到和他们有同样情况的加盟老板还有很多，以及在这个行业很多开的比较小的的夫妻店，也可以整合他们。因为起步一个新品牌，也需要一定的资金支持，他们也希望借助外部的资源和资金，能够将事情推进得快一些。通过发展这种外部合伙人，能做到整合

资源、整合人才，将别人的店面换成统一的品牌，公司总部给各店赋能，做到内外如一，这样也能快速起来，扩大品牌的市场影响力。同样，也有很多的人希望加入他们，与其加盟别人的品牌，不如共同做一个自己的品牌，做好了，未来还能获得股权的增值。

他们对公司有着很好的设想，如果可以得到资本的青睐，快速占领市场，未来也可以走上市之路。

这个行业中，他们开的店面只是第一步，相当于是吸纳顾客，当顾客在这里获得服务和信任之后，还可以延伸到相关的多个产业，而这些产业的利润也是非常可观的。

但公司经营一段时间之后，他们发现了一些问题：

（1）由于股权相对分散，没有大股东，没有控制权的设计，虽然说是事事大家商量，但是发现商量来商量去，很多机会都没了，彼此之间还有怨气。这种股权结构，外部投资方也不敢进入。

（2）联系了很多外部合伙人资源，大家也都认同这种思路，但是具体怎么做，未来合伙人能有什么收益，为什么与他们合作，这些他们自己也不清楚。

（3）每个人在合伙之前都是老板，合伙之后依然是老板，分工虽然明确，但日常沟通中以少数服从多数的原则进行，决策效率低下，责任不到位，每个合伙人都在不同的区域，没有集中在一个地方共同工作。仅仅靠一个梦想的品牌和公司主体，是无法将合伙人的心都聚拢在一起的。

（4）合伙人本来也有自己的店，都是老板，而真正要把一件事情做好，一定需要行业的人才，需要能够实际运营公司、进行日常管理、执行的团队。这个行业的人才还有很多是属于技术型的，公司要招募优秀的人才，对于这些人才来说，会成为公司的核心。再好的想法，没有人去落地和执行，肯定是浮在面上，那他们合伙就没有意义了。所以，团队人才的激励也是非常重要、需要考虑的。

对于这种创业，我称之为激情岁月的二次创业。这种二次创业，不同于首次创业，因为他们都当过老板，所以能了解和感受当老板的心酸和创业的不易，可以相互帮扶，但也都有自己的个性和固执，很难信服谁。首次创业更多的是创始团队原来在某某公司工作，后来出来一起创业，或者一个人出来创业，吸引了后来的其他合伙人，他们都是从各自原来的打工岗位上下来的，所以对于发起者更愿意推荐其当领头人，更愿意信服于他。这种二次创业，又全是老板的情况下，一时半会不太容易选择一个领头人。在没有领头人的情况下，极易出现做事效率低下，有些事双重负责、有些工作无人看管的状况。

二、厘清合伙的关键问题

面对这些问题，如果单一地从一件事去看，或者从他们的股权看，基本上是这样的股权结构，如图 8－1 所示。

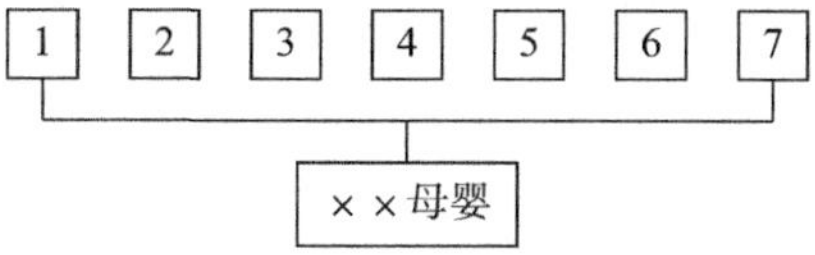

图 8－1　本案例股权架构示意图——单一式的股权架构

这种股权结构就是单一式的，一个主体公司，几个股东，这样的情况并不能解决这些问题。因为你只能让别人看到梦想在远方，是一个想法，并没有让别人看到你是怎么具体规划这件事情的。如何从顶层结构上考虑，完整地解决当下的问题，又能考虑到未来的发展？

首要是厘清合伙的关键问题：

（1）明确创业的目的：这些人合伙在一起，到底是要做一件什么事情，为什么想要这么做。

（2）明确合伙的方向：这些人合伙在一起，大家是怎么分工的，怎么合作，各自出什么资源，希望能取得什么效果。

（3）明确合伙领头人：无论是通过大家的选举，还是轮值周期确定，还是通过后期设定时间或者结果导向等方式来确定，领头人必须先确定，这一点非常重要。以前说火车跑得快全靠车头带，关键在于这个车头；现在讲动车快是因为各节车厢都有动力，但再有动力推动，如果没有车头，列车也会跑偏。

（4）给予合伙领头人决策权：在分工和规则设定好以后，可以在分红方面做些调整，对于领头人要给予足够的决策权。可以做到权、钱分离。

（5）制定合伙规则：包括合伙股东之间的分工、职责都要明确，确立管理运行过程的决策机制，在日常管理中要分清角色，以管理岗位职责为主，各司其职，快速推进项目的进展，避免角色混乱。如果前期无法衡量合伙人的价值贡献，大家对股权比例上有不确定性，可以将合伙人持有的股权与工作结果相挂钩，在一定的周期内根据最终的结果来确合伙人的最终股权。

（6）结合要做的事业规划和战略布局，制定股权顶层设计，即使股权分散也可做到主体公司的控制权集中，不会受到后期投资者的阻碍。

（7）形成合伙人文化：这点比较难，而且需要一定的周期运行。需要合伙人之间的磨合，大家相互的支持和包容，在不断地修正过程中才能形成正向的合伙人文化，这种合伙才能得以持续，公司才能得以发展。

三、整体布局做好合伙人的顶层规划

1. 合伙人的股权规划

- 核心创始股东，完善控制权及治理结构，保证高效决策，利于后期融资；

- 搭建外部合伙人持股平台，既能看到未来，又能快速吸纳合伙人；
- 预留员工期权池，吸引管理团队优秀人才。

搭建基于有核心控股股东、考虑外部合伙人及未来员工激励的股权架构。

（1）把创始股东 7 个人全部装进一个有限责任公司，将这个有限责任公司作为项目主体公司的核心大股东，持有主体公司不低于 60%的股权。

（2）7 个股东在有限责任公司中可以按照持股权的比例，也可以单独约定决策机制，无论如何争吵，都不影响对主体公司的变化。

（3）对于员工持股的预留和外部合伙人的预留，单独成立两个有限合伙企业的持股平台，持股平台的普通合伙人也可以由 7 个股东的有限责任公司来担任，可以规避一定的无限责任风险。股权架构就由原来的单一式股权架构，变成了复合式股权架构，如图 8－2 所示。

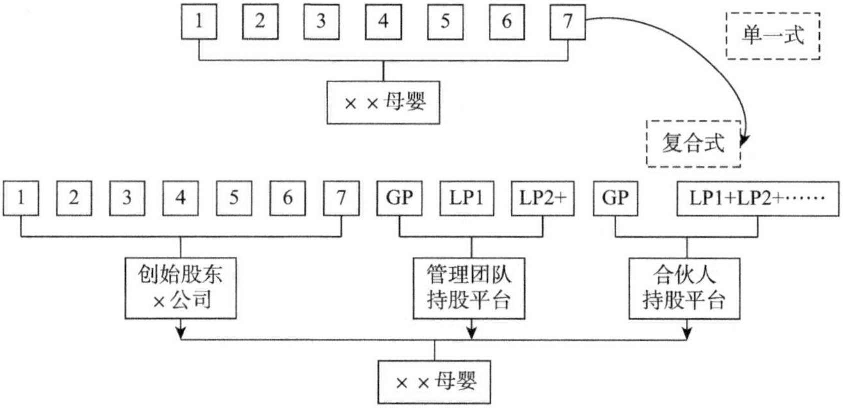

图 8－2　股权架构的变化由单一式股权架构转向复合式股权架构

2. 根据整体规划，结合当下，制定对应股东合伙规则

（1）由 7 个合伙人单独成立一个专项的投资公司，然后由这个公

司在主体公司作为大股东持股。而 7 个合伙人在专项公司中的表决机制，股东会按照股权比例表决，其中 A、B、C 三个股东作为核心大股东，签订一致行动人协议，成为一致行动人，在关键事情上，三人按照表决机制达成共识。这样就可保证股东会上的决策。

（2）主体公司的董事会运行规则：选定 3 ~ 5 人设立董事会，按照董事会的议事规则，在经营上能够有效决策。

（3）股东退出机制：创始股东也要设定好退出规则，因为大家是后组合的家庭，所以需要磨合，设定对应的退出机制，是对全体股东、对项目的负责。

3. 外部合伙股东的加入

可以以城市合伙人的方式引入外部股东，也可以前期为了起步，先行引入部分合伙人，以达到门店数量增长，塑造品牌影响力。

（1）认可公司的运行规则，按照一定的估值，获得公司前期预留部分的股权，进入持股平台。

（2）有行业内加盟的店铺，或者自己开设的会所，加入新公司后，要将自己的店面统一翻牌，变成统一的品牌。这样既可以绑定合伙人，又可以快速将新创品牌打入市场，建立行业标志。

（3）设置好原有股东所开店面与公司的关系，新加入外部合伙股东店面与公司的关系，要考虑到以后经营数据的合并，是否需要变成公司直营，或者控股，或者仅仅是公司的品牌，但是所有权还是原有合伙人。这些都要提前定出规则约定。

（4）外部合伙人退出机制，成就事业不能靠感情和感觉，要靠规则，所以在前三个规则的体系下，一定要完善外部合伙人的退出机制，其实对于品牌来说也是筛选和淘汰的过程。

4. 产业布局

随着品牌影响力的发展，有了大量的客户沉淀，基于客户延伸出的相关需求，就可以单独成立分、子公司或者项目公司，再或者收购或并购相关产业上下游，实现整体的布局，做大、做强。

可能上面的每一步并不是一次性完成的，也不是同一时间段做好的，因为企业是有发展路径的，可以结合企业的发展方向，一步步推进。当你了解了股权顶层布局的方向后，至少企业发展的每一步，你都能游刃有余，不受小细节的影响，避免中途出现很多问题。

将员工与外部合伙人放入持股平台，是为了避免因人员变动，带来主体公司层面股东变动而对后期进入资本市场带来影响。

这个案例，只是其中的一种方式，也是一种思路，并不是所有的企业都要这样做，但你一定得学会布局，学会控制设计，才能避免企业发展过程中股权的修修补补。有时候股权的错误一旦发生，所触碰的事件可能会带来无法挽回的影响。

曾经有一个朋友，因为公司股东的频繁变动，而影响了投资方的资金进入，对方要求重新成立新公司。还有一些企业，因为没有提前考虑，引入多个外部自然人的投资人，采用直接持股的方式，导致后来公司受到很大的限制。老板持股 60%，但就因自然人投资方不同意，老板连对公司核心的技术人才做股权激励都做不了主，导致人才流失严重。

天下之事，合久必分，分久必合，总是动态的过程。对于合伙来说，股权的运用上，我们应该是站在未来看现在，用股权的思维而非完全法律意义上的股权去合伙。股权的思维可以上升到道的层面，理念、价值观的趋同才是合伙长久的关键；而法律层面的股权会比较窄，融合性差一些。股权的思维就是开放性的，让股权成为一种工具，动态可变，容易调整，以人为本，以目标导向为结果；法律的股权是封闭性的，更严谨。要做得完善两者必须进行结合。

基于顶层设计的合伙人战略，是能知道自己未来要走什么样的路，在路上会遇到什么，又需要什么样的帮助，这样才能更好地打好当下的基础。

合伙并不是易事，能长久合伙更非易事，事前定规则，事后讲人情，凡事一定要提前说清楚、说明白，责权利要匹配到位，才能合得久、合得好、合得顺。

第二节　如何设计公司的控制权

一个企业的发展，离不开创始人的掌舵，公司从成立的那天起，自身所带的基因，就是创始人的基因。而公司的发展是创始人的延续。所以当你看一个企业的情况，只需要看一下这个公司的创始团队人员的精神面貌，就能找到企业的问题。企业自身也是有生命的，从初创期，到成长期，到成熟期，再到衰退期，每一个阶段都会面临很多的问题。而企业的走向也有两条路：一条路径是华为路径，做成长型企业、民营型企业，不走上市的路径，不到资本市场上去搏；另一条路径是阿里巴巴路径，成为资本市场的宠儿，可以独立出很多子公司，也可以独立走资本市场。企业终究走哪一条路，其实都没有错，是企业的发展方向和选择不同，背后也缘于创始人对这个企业要走的路的定位不同。

控制权怎么设计、如何实现，是创始团队重点要考虑的问题。企业的控制权我认为应该从两大方面，股权控制和非股权控制去考虑，不同的阶段对于控制权的设计也会不同。

一、股权控制

（一）直接持股的股权控制

从股权控制的层面上，要结合企业的发展阶段进行控制权设计，以达到控制目的。

1. **公司初创期**

首先要从股权比例上进行控制。公司内部的创始团队中要有一个核心的老大，老大的持股权的比例能够达到67%或者52%。在这种情况下，公司的股东都是创始团队，需要有一个主心骨，避免在前进过程中因股东意见不一致，造成沟通障碍，影响公司的发展。

A、B、C、D四个人成立了一家公司，做餐饮，股权各25%。其中A为主要的运营者，B、C、D三个人各有自己的事情，不参与具体的管理。公司开了两家店，A想继续开第三家店，但是另外三个股东不同意，他们不想这么冒险。A很苦恼，无论怎么协商，都达不成一致。从股权比例上来说，他不控股，若想达到控股的比例，必须联合其他两个人才能有效，可是其他三个人是统一战线，根本无法动摇。这种情况就是没有核心大股东，掌舵者也没有决策权，结果一定是越干越差。

2. **公司稳步发展阶段**

这个阶段需要人才、渠道、技术等，因此更需要通过股权去吸引、留住、激励核心的人才，通过股权达成与渠道、资源、技术的紧密合作，形成利益的共同体。这个阶段就会需要对外释放一定的股权比例，在释放的过程中，尽可能保持创始股东或创始团队的股权能达到52%。这样可以保证公司在实际经营管理中，做到对战略的把控，可以不因股权的释放而受到特别大的影响。

3. **公司的成长期**

这个时期公司快速稳步发展，同时也为下一步能够上一个台阶或者步入资本市场做准备。在这个过程中，引入的外部资本方会加大稀释股权的比例，资本方的过多引入，是为了助推公司快速地走向资本市场。从资本方的逐利性来看，企业的创始人或者创始团队，就非常有必要保持对公司控制权的把握。创始人本人的股权比例至少要保证在 34% 及以上，确定自己的一票否决权，这样才能保证在某些环节上不至于失控。这个时候，最好是创业团队的核心人员共同持股权的比例能达到 51% 。公司在任何发展阶段，都要保持创业者的基因，而不是投资者的基因，投资者往往注重利益，如果股持股权的比例过高，容易在战略上走偏，从而失去公司创立的本心。

（二）通过多层架构达到股权控制

1. 有限合伙企业

无论哪个阶段，先从股权比例上确定控制权是一个基本原则。在股权控制层面，核心的三条线就是上面三个阶段创始人的持股权的比例。股权比例的背后是控制权，而控制权的实质是股东拥有的表决权。但实际上这个是持股权的比例，并不是针对股权的所有权而言，在持股权的比例的设计上，还可以利用有限合伙企业的方式，可以保证创始股东的表决权达到对应的比例，但不一定是股权的所有权对应的持股权的比例，如图 8－3 所示。

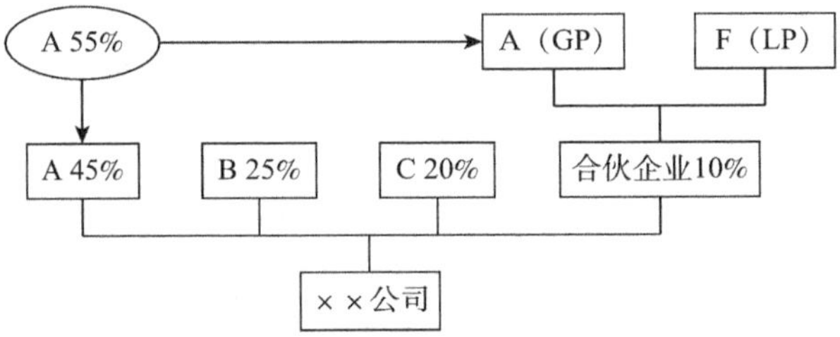

图 8－3　借用有限合伙企业作为持股平台的股权结构

图 8－3 中的股权结构，就是利用了有限合伙企业，A 从表面上看持股的股权只有 45% ，但他实际持有的表决权是 55% 。A 作为有限合伙企业里的普通合伙人（执行事务合伙人），A 在该合伙企业中的权利不以他持有多少合伙份额为主，因为《合伙企业法》规定，在合伙企业中只有执行事务合伙人能对外代表该合伙企业，其他有限合伙人是不

能代表该合伙企业去行使权益的。因此在股权控制上，当创始人或者创始团队的股权被稀释的情况下，可以借用有限合伙企业作为持股平台，以达到控制权（表决权）的实质拥有问题。

有限合伙企业分两种合伙人，普通合伙人（GP）和有限合伙人（LP），GP 作为执行事务合伙人对合伙企业承担无限责任并对外代表合伙企业，LP 出资完成后通常不参与合伙企业的管理。

有限合伙企业作为持股平台时，其表决权均可全由合伙企业 GP 行使，公司创始人通过担任有限合伙持股平台 GP 的形式掌握合伙企业全部表决权，则可以用较少的资金投入起到控制较多股权的目的。

2. AB 股计划

在股权控制中还有一种 AB 股计划，京东、小米、美团就是使用的 AB 股计划。其实 AB 股只是搭建了一种同股不同权的股权结构，主要通过章程、协议等约定的方式来执行。目前在内地还没有开放。这种一般适用于上市公司，对于非上市公司来说并不适用。

对于有限责任公司来说，可以通过公司章程约定同股不同权，以达到股权比例过小，但是控制权有保证的基础。

（三）通过文件约定达到股权控制

1. 一致行动人协议[①]

当企业的合伙人越来越多的时候，会面临股权的分散。如果股权分散，公司在引入外部投资的时候，投资人就会产生顾虑，他们会担心企业内部可能会出现股东纷争或者控制权之争，对企业来说毕竟不是好事。在这种情况下，就可以考虑公司的合伙人共同签属一份《一致行动人协议》，约定股东之间在某些事项上如何决策，最终不能形成统一意见的时候，以谁的意见为准。

---

① 即通过协议约定，某些股东就特定事项采取一致行动，意见不一致时，某些股东跟随一致行动人投票。

腾讯的招股书显示，公司各创始人与 MIH 在公司上市前分别持有公司 50% 的股份，双方在 2004 年股东协议中有一致行动人协议的约定：双方向腾讯集团各公司任命等额董事，而且在上市公司主体中双方任命的董事人数总和构成董事会的多数，从而实现了双方共同对上市公司和下属各公司的共同控制。

2. 投票委托权

投票委托权，是指某个股东将自己持有的股权中的表决权，在全部事项或某个事项中，以书面的形式委托给另一个人，该部分的表决权由受托方进行行使，受托方的意见可以代表委托股东的意见。

二、非股权控制

所谓非股权的控制，可以理解为从股权的角度无法达到控制目的时候，要通过别的途径掌握公司的核心，做到对公司整体的把控，或者通过其他辅助方式，来实现控制人股权比例的控制。

1. 董事会的控制

其实大部分的民营企业是没有董事会的，因为前期公司规模比较小，只有一个执行董事就可以了。当企业的股东比较多的时候，就需要建立规范的公司治理结构，董事会是必然要有的。董事会是由董事组成的、对内掌管公司事务、对外代表公司的经营决策和业务执行机构。而董事会与股东会的不同，在于股东会是公司的最高决策机构，在会议表决上按照股东的持股权的比例最终形成决议。董事会则是根据人头，一人一票的方式进行表决。如果你在董事会的人数中能够占到二分之一以上，公司经营决策上，就掌握了主动权。

2. 经营权控制

所谓的经营权控制，主要是从公司的经营和日常管理来考虑。

张总成立了一家公司，持有该公司 90% 的股权，找了一个合伙人李总，给了他 10% 的股权。张总还有其他的公司在运转，但他有一定的资源和资金，同时又看好这个项目，所以找来李总，共同合伙。双方也是按照持股权的比例共同出资，李总作为公司的执行董事兼总经理，全权负责公司的运营和管理，需要的资源由张总负责协调后，也由李总进行实际的对接和后续安排。张总平时主要忙他原有公司的事情，李总从建团队、搭体系、拓市场到后服务，全身心地投入公司的经营中，公司第一年就实现了盈利 500 万元，年底按持股权的比例分红。

然而之后的两年里，公司却再也没有盈利，后来张总发现问题不对去暗查了一番，发现公司实际每年都挣钱，但是都被李总转走了。

这种情况下，虽然张总的股权比例很大，但是公司的实际经营都是李总一手抓，股权比例又比较小，所以李总心里肯定不舒服，出现这种情况也在所难免。因为双方并没有在合伙前做出相关股权退出的约定，如果张总想让李总退出，李总不同意是退不了的。但是如果李总真的要退出，他振臂一呼，公司的团队和客户基本都会跟他走，张总只面对一个空壳，又有什么用呢？你说是谁控制了公司？

在合伙中，无论哪种形式和方式，一定要结合项目和股东的情况，做好各方面制衡的设计。

3. 技术控制

如果公司是技术型的公司或者科技型的，核心的技术就是公司的重点，公司的核心技术人员最好是公司的股东，避免因员工离职而造成技术壁垒外泄。

A 公司看好 B 公司的项目，以全资收购的方式将 B 公司进行收购，在收购后对于原 B 公司人员进行重新分配处理，其中一位员工是技术人员，要求多一倍的赔偿，结果 A 公司觉得多付出的资金会增加成本，所以没有同意。结果等全部安排妥当后，才发现B公司的项目在技术上存在很大的漏洞。但是现有人员中没有人懂技术，只有那个要求多一倍赔偿的技术人员是公司的技术核心。最初A公司收购B公司的目的也是看好他的技术，结果因为一点小问题没处理好，白白收购了B公司。你说这家公司谁是控制者？一定要明白自己公司的核心是什么，这个核心必须掌握在关键人手中，在处理一些关键事件时，绝不能因小失大。

还有一些涉及公司控制的其他方面，比如公司的公章、法人代表等，这些情况不常见，一般是公司遇到什么大事件，或者发生特殊状况时才会出现，比如股权之争、财产纷争、法人代表心术不正或者不受把控时。只要企业的创始人心是正向的，不为已私，公司朝良性的方向发展，从股权控制和非股权控制的层面上来做设计即可。

除了股权控制和非股权控制外，对于企业也好，国家也好，任何一个组织的存活长久，都在于文化的控制，比如基督教、佛教，通过文化、价值观的传递，思想的征服，达到精神层面的认同。阿里巴巴为什么马云可以退休，可以不做董事长？因为他除了建立一套合伙人机制以外，更重要的是让阿里巴巴从公司的愿景、使命、价值观，到内部管理中各方面的用人、做事、对员工、对客户，都形成了一套自有的价值观文化，让每个人都相信，自己在做一件伟大的事，认同阿里巴巴的价值观，并愿意为之践行。公司所有股权设计、管理运营、组织架构、机制设计、业务模式、商业模式等，都是企业的骨架和血肉，而文化是企业的灵魂，这个骨架和血肉的融合，才有了灵气，有了生命力，企业的发展方可久远，传承方可有意义。

无论企业怎么发展，我们吸引什么样的资源，通过股权去释放融人、融资、融智，都不能丧失控制权。具体控制权的设计，要结合公司的实际情况来运用和设计。对于股权控制或者非股权控制，都可以提前设计，或者在某一阶段进行设计。关键是文化的控制，并非一朝一夕，是逐渐形成和渗透的过程。

第三节　完善公司的治理结构

企业初期，股东结构比较单一，公司创始人往往就是公司最大的股东或是唯一股东，这时候没有必要去建立完善的治理结构，但是随着后期公司发展，不断有资源、资金等外部合伙人及内部核心人才的加入，股东会越来越多。利益群体的增多，就倒逼企业去建立完善的治理结构，使企业在今后的发展中能更加顺利。以股东会、董事会、监事会为核心的治理结构，也是企业走向更加规范化发展的必经之路。

公司治理结构的完善是一个公司规范化、体系化、职业化的完善。公司的治理结构由股东会、董事会、监事会组成，是我们常说的三会一层的组织结构。为什么公司一定要完善治理结构呢？

从公司的治理与管理来讲，公司的整个结构呈以下形式，如图 8－4 所示。

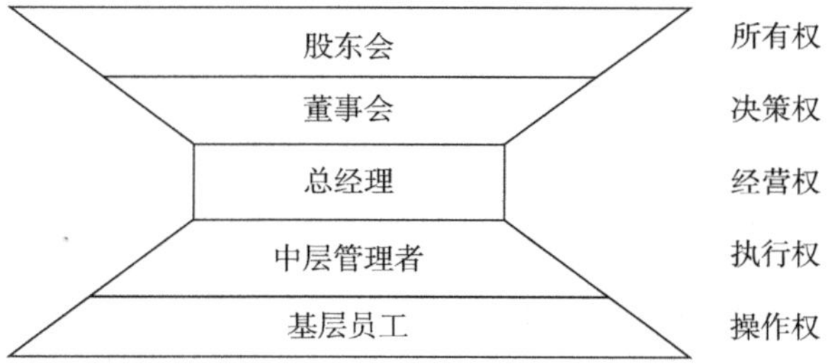

图 8－4　公司的治理与管理结构

最上面的是股东会，拥有对这个公司的所有权，而总经理作为经营的执行者，有着承上启下的作用，每一个层面都代表不同的权利。而这个权利的背后其实是职责和权限的分工。这个分工意味着一个公司有了这样的机构，在相对应的事件上就应该由对应层面的人去负责和执行，这样才能分工明确，理清关系。所以公司治理结构的完善，是企业从老板个人管理、个人决策，到机构管理、组织决策的转变，同时也避免个人决策时，受到个人因素的影响，使得各利益相关者利益受损，从而影响公司的发展。

一、股东会是公司的最高权力机构

股东会是公司的最高权力机构，掌握着公司的最高决策，股东会成员是公司的全体股东。股东会所议事项的最终决策是根据股东所持股权的比例的多少来确定的。

股东会是股东意志的体现，也是股东保护自己利益的决策机构。在维护股东利益、保护股东权益方面发挥了不可替代的作用。

股东会的决策方式：以出席股东会人数所持有的股权比例，按比例决策，股东会形成的相关决策对全体股东和公司产生约束力。股东会会议一般由董事长主持，股东会讨论的议题直接涉及股东的利益，比如董事的增补，股权激励方案、增资扩股、并购重组等重大议题，一般来说只要涉及股东的问题，都需要经过公司股东会决议。

因此，股东的持股权的比例也就决定他在股东会上的话语权和控制权。股东会会议做出修改公司章程、增加或者减少注册资本的决议，以及公司合并、分立、解散或者变更公司形式的决议，必须经代表三分之二以上表决权的股东通过。

涉及制定公司的合伙人体系、合伙人制度等，都涉及原有股东及后续股东的利益，所以要在不断增加相关利益者的基础上，完善治理结构。

二、董事会是治理结构的核心

董事会是由董事组成的，对内掌管公司事务，对外代表公司的经营决策机构。董事是由全体股东选举产生，负责执行股东会决议的常设机构。我国《公司法》分别对有限责任公司和股份有限公司的董事人数作出了规定。董事会的议事方式是按人头表决，一人一票。有限责任公司设董事会，其成员为 3 ~ 13 人。股东人数较少或规模较小的，可以设一名执行董事，不设董事会。股份有限公司应一律设立董事会，其成员为 5 ~ 19 人。

董事会的成员可以是公司的股东，也可以不是股东，但是要对股东的利益负责。基于董事会的议事方式，在企业考虑控制权的时候，除股权的比例之外，也可以利用好董事会的职责，做好相关的控制，这也是为什么阿里巴巴的湖畔合伙人制度中，特别约定了合伙人在董事会的席位，以保证公司创始人的控制权，而避免被资本方牵绊。

“阿里巴巴合伙人对董事会半数以上席位拥有排他提名权。如果阿里巴巴合伙人提名的候选人没有获得股东大会批准，或现任董事离职，阿里巴巴合伙人有权指定其他人选担任临时董事直至来年股东大会。上市后阿里巴巴董事会有 9 个席位，合伙人有权提名其中的 5 席。”

董事会可以直接选择、聘任、解雇经理人，决定经理人的报酬等。董事会作为公司的最高决策机构，上对股东会负责，下对经理层产生影响，既要考虑股东的利益，同时还要考虑经理层的利益，是治理结构中承上启下的非常关键的组织。

董事会的主要职责是决策与监控，代表股东行使相关决策与监控的权利，可以简单理解为股东会作为公司的所有者，委托董事会去运营和发展公司，而董事会又会将具体任务的执行下放至经理人，经理人受董事会的委托去执行。董事会的职责包括：领导、参与、审核、批准和监督战略制定与战略执行，选择、评估和激励经理人，确保公司财务安全，确保公司治理结构的有效性等。

三、监事会是公司风险的防护网

在公司治理结构中，监事会是其中的重要职责机构，也是公司纪律性制度文件的专职确立机构，受股东大会的委托，履行公司纪律监督的职能。监事会的主要作用就是监督、监管，避免股东会、董事会一些不合法的行为，可以以监事会决议形式行使公司的纪律监督职权和干预公司的经营管理事务，但不能对外代表公司法人行使权利和承担义务。

四、通过完善公司治理结构完成公司传承

某电器公司有两个股东，其中柳总持股51%，张总持股49%，公司前期主要的起步和运营都是以柳总为主，张总只负责公司小部分的工作。但两个人的年龄都很大了，柳总年龄近60岁，张总近70岁。公司历经十多年的发展，在当地也有一些品牌积淀。由于环境、市场的变化和来自互联网的冲击，公司的业务增长缓慢。公司的管理团队中30～40岁的中间力量断层，直接是20～30岁的员工。而张总所在的岗位也不愿意放手给年轻人，下面人成长不起来。柳总特别苦恼，如何让公司未来持续发展？她还想让儿子接班，可是团队力量偏弱，不知道怎么安排，又怕一下子放手，没接好，公司干没了，她也担心张总的问题，希望既能解决孩子接班的问题，又能妥善安排好张总。

这种情况的确不能直接传承，而是要提前做好规划，一步步去

实现。

1. **老股东退位，完善治理结构，形成新老联动**

公司成立董事会、监事会，股权先不做变动。另一位老股东张总先退出公司的管理，可以让他做公司的顾问或监事。每两个月来开一次董事会，每月可以查看财务报表。柳总先做董事长，让儿子做总经理，扶上马送一程，带个2~3年后让儿子做董事长，柳总和张总都可以退居二线做董事。原股东结构不太合理，而且两人的年龄也比较大了，应该尽快退出经营权，股份可以保持不动。

2. **建立分权机制，制定标准，培训人才**

先制定人才的能力标准，同时做好分工与授权，有了标准后，可以逐步把公司经营的一些事情从总经理下放到各部门经理，进行放权。一般培养一个接班人需要10年左右，接班人的培养至少准备三茬，培训现在提升上来的经理，下面的员工也要接着做相应的培训。现有的几个经理下面尽快配1~2个副职。引导他们把规则建起来。提拔人员时要看有没有适合的，不要硬提，平稳过渡。

3. **针对现有的骨干人员采用股权激励**

现有的管理者可以给一部分期权股份，建议先拿出15%左右，根据人员的贡献，优秀者比例在7%~8%，其他的按2%~3%，根据人员的能力、工龄、工作等方面综合来判断给予多少股份。员工要出资购买，或者从奖金中抵扣。比如生产经理股份可给8%，其他的按5%、3%进行分配。最好能多稀释持股49%的股份比例。

通过以上三步，柳总平稳地度过了企业的发展期，也让儿子顺利接班，公司正是由于通过治理结构的完善，而不完全依赖于原有股东的决策，才能够有更好的发展。

公司的治理结构中，董事会可以很好地处理一些老股东退位的问题。企业的成败取决于经营权的掌握，如果经营权不能掌握在优秀人才手中，股东的能力又不能完全匹配公司的发展，这时候就需要退居二线；同时可以结合公司的股权激励，建立优秀人才的内部合伙人机制，在治理结构完善的情况下，公司的员工也会放心地成为公司的合伙人，因为他们能从这个机制和体系中看到自己的未来，看到公司的规范和公平，有制度，有组织，而不是以人、权为争执点。

一个公司能否长久发展，除了股权结构的问题、内部管理体系的建设，还有很重要的一点就是公司治理。公司治理的完善一定是和股东会、董事会相关联，一个人的决策失误的概率总是会大于一群人的决策失误概率。所以，这也是为什么公司大了一定要做好治理结构，把自己的权利放大，但是把自己的决策放小，让公司向更有利的方向发展。

第九章

精品案例解析

第一节　喜家德“358”股权激励模式打造水饺帝国

在中国来说，水饺几乎是人们生活中不可缺少的食品，尤其在中国的北方。提起水饺，不得不说的就是喜家德——一个中国水饺餐饮连锁企业的领导品牌。我们先来看几个数字：

喜家德创立于 2002 年；

遍布全国 40 多座城市；

拥有连锁店面 400 多家；

员工 4000 多人；

水饺品类只有 5 种；

一个擀面女工一年收入 30 多万元……

看到以上数字，我们不禁要想：为什么它能做这么好？它靠的是什么？

喜家德的创始人高德福说：“我们只是用坚定的信念，一生只做一件事。”背后也没有什么特别的秘密，喜家德的成功正是采用了我们当下企业最为关注的合伙人制。在这种理念下，喜家德摸索出了一套“358”模式，据说非常好用。通过这个模式我们也要学会看到它背后的价值，才能真正学到对自己企业有用的参考点。

一、“358”模式的具体方式

1. 店长股份奖励

- “3”就是 3%，即所有店长考核成绩排名靠前的，可以获得干股“身股”收益，这部分不用投资，是完完全全的分红；

- “5”就是5%，如果店长培养出的新店长，符合考评标准，就有机会接新店，店长可以成为小区经理，在其培养的新店长所在的新店投资入股5%；

- “8”就是8%，如果一名店长培养出了5名店长，符合考评标准，店长可以成为区域经理，可以在其培养的新店长所在的新店投资入股8%；

- 另外还有“20”，就是20%，如果店长成为片区经理，可以独立负责选址经营，此时就可以获得新店投资入股20%的权利。这种方式极大地调动了店长培养人才的积极性。并且店长与新店长之间利益相关，沟通成本极低。

2. 管理层股份奖励

对于公司职能管理层，也根据不同的层别设定考核标准，达成考核标准，即可以2%和5%占比投资入股到新开门店，获得门店收益。职能管理层的成功先例也带给员工十足的干劲，高总的理念是：用成功复制成功，榜样的力量是无穷的。

通过这种股权激励的形式，很多员工表示对投资入股非常期待：“我得努力干，你看××干得非常好，进步非常快，我不努力就要落后了。”①

单从上面的模式我们能很清楚地明白“358”是怎么回事儿，如果我们真的把这个模式搬回去就用，不一定会有好的效果。首先我们要看它背后的东西，再来看这个模式是从什么角度去做的。因此，重点帮大家解析“358”模式背后隐藏的关键点。

---

① 以上“358”模式内容部分来自参考文章《揭秘：东北“饺子王”喜家德如何用股权激励让员工年薪上千万?》

二、"358"模式背后隐藏的关键点

1. 针对其中的"3"

即所有店长考核成绩排名靠前的，店长可以获得所在店面3%的干股（身股）分红，无须出资。

这个"3"在这里虽然是3%的分红，但背后却是喜家德拥有的完善的考核机制和管理体系。一个庞大的公司，如果没有有效的运营机制，是很难做到公平、公正的。所以这个3%除了考核外，还要有对应的评价标准、明确的店长岗位、公开的排名考核机制。同时这也是一个动态的激励，这个排名是按全国排名，还是按全省排名，还是按区域排名？又或者是按季度、年度？都是要衡量的关键点，也是能否获得激励的变量。干股（身股）的方式也表明了不用出资只是分红，结合上面的分析，不难看出，这3%的变量符合考核条件，才有机会享受不用出资的分红。

2. 针对其中的"5"

如果店长培养出新店长，并符合考评标准，就有机会接新店，成为小区经理，可以在新店"投资入股5%"。

这个5%背后所体现的主要是店长的培养体系，包括培养方式、师徒制、培养周期、店长工作的标准化、流程化等。如何验证培养的新店长是否成功，是需要一套体系和文化的打造的。什么样的条件才是符合标准的，这些标准又是什么？这些规则是前提，如果没有这些前提，5%就是空话，重要的是可能会激励了一批人，激怒了一批人。还有就是培养新店长，培养几个算是达到标准？周期是多长？总部会给店里提供什么支持手段？如何成为小区经理？这些问题都是5%获取的前提，如果不能确定或者定好规则，这又是个虚的。同时达到这个标准后，才有资格在新店投资入股，这说明喜家德的考核机制很严格，这个时候体现的激励是实际出资的，这个投资有可能会超出他的工资收入。如果因

此造成了工作上的懈怠又该怎么处理？退出机制也是必须要考虑的，比如店长离职、违法违纪等股份怎么处理。

3. 针对其中的“8”

如果一名店长培养出了 5 名店长，成为区域经理，并符合考评标准，再开新店，可以在新店“投资入股 8%”。

其实 8% 是在上面 5% 的基础上提炼出来的，也就是马太效应。你前面做得越好，后面就越好。这里还存在对于区域的划分是如何界定的，区域经理的职责又是什么；培养店长的周期会有多久，投资入股的出资及对应的收益，以及如何退出等，这些都是要必须考虑的。

4. 针对最后的“20%”

如果店长成为片区经理，可以独立负责选址经营，此时就可以获得新店“投资入股 20%”的权利。这种方式极大地调动了店长培养人才的积极性，并且店长与新店长之间利益相关，沟通成本极低。

喜家德正是因为有这种以培养人才为主要标准的机制，才避免了很多连锁企业扩张时没有足够人才的问题，因为店长与新店长之间的利益相关，也规避了“培养徒弟，饿死师傅”的情况。让店长更愿意把自己的所长教给新人，为了股份还得着急多培养人才。内部的人才输出才是支撑企业持续发展的关键。

综上所述，看似简单的“358”模式，透露出喜家德完善的管理体系和健全的运营机制。同时，对于人员的选、用、育、留都有着严格的流程。从“358”到“20”，保持了层层递进的模式，只要你干得好，你就可以持续上升，并结合了马斯洛的需求层次。既不至于激励不足，也不至于因为获得过高的收益而失去进取的动力。

喜家德有自己内部的商学院，每年对员工的培养、培训，无论是从技术还是从管理的角度都是标准的执行。而且这套模式是和公司员工的发展晋升通道相关联的，你到一定的级别或者达到什么成绩可以获得这个资格，是息息相关的。

所以，一个简单的股权激励模式背后一定有一套不简单的管理运营机制，如果没有配套的制度体系，股权激励一定会出现相关的问题，重要的是我们要有这个意识，去完善这些机制，逐渐释放股权激励的核能。

股权激励也是分阶段、分层次的，如果搞一刀切、模式主义或者拿来主义，建议还是不要实施的好。企业的发展阶段不同、人员不同、行业不同、运行体系不同，股权激励的方式也是不同的。企业一定要探索出适合自己的股权激励方式，别人的再好，你只能学到形，学不到内容。如同同样身高的人，因为身体比例不一样，即使穿一样的衣服，展现出来的效果也不一样。

喜家德把股权激励做出了新高度，只有足够优秀，你才有资格对我们的新店进行投资，通过投资才能获得股份。而不是我们通常认为的把股权当成福利，还觉得股权激励让员工拿钱是一件困难的事。

喜家德的股权激励完全颠覆了我们对股权激励的认识，把股权激励变成了一种机会，获得这种机会的标准就是你要符合公司的考核标准。

第二节　百果园门店合伙模式成就水果王国

深圳百果园实业发展有限公司，是一家以水果为主导，布局上下游全产业链综合大型连锁企业。公司是目前中国乃至全球“水果专营连锁业态”的开创者，在全国 70 多个城市形成了超过 3700 家门店的经营规模，并设立了 20 多个仓储配送中心，与国内外 200 多个水果基地建立了密切的合作，为全国 4500 多万家庭提供来自全球的好吃的果品，成为消费者喜爱的知名品牌。

百果园在 2002 年开出中国第一家水果特许连锁专卖店，经过多年连锁行业摸索，从最早期的直营，到把直营店承包出去变成加盟，再将加盟变自己直营，反复经历了多次的改革变动。直到经过股改变成合资，形成目前的门店合伙模式。于 2013 年正式发力，做到快速发展，实现店面快速拓店，形成巨大的影响力。

为什么它能在股改后产生如此大的影响力？

- 是什么关键点支撑了它的发展？
- 门店合伙背后的底层逻辑是什么？
- 百果园的门店合伙模式具体是怎么做的呢？
- 哪些点值得企业学习和借鉴？

传统的连锁企业开店，主要的方式就是直营和加盟。直营开店对于企业来说，资金压力非常大；加盟就会存在加盟商为降低成本，偷换材料，影响品牌口碑的问题。百果园通过将内部员工变成加盟商，加盟商也是内部员工的原则，把所有的店面变成“员工加盟商化，加盟商员工化”的“类直营”店，区别在于加盟开店的人员都是企业的员工，非直营就是店面的出资是由加盟的员工自主出资，而非企业方出资。

百果园的这种“类直营”模式主要将员工变成门店的合伙人，实现同心、同力、同利、同德。

分红补贴制度：主要是为了针对亏损的店面进行补贴，清除员工成为店面合伙人后，店面亏损的顾虑。

退出通道：为了促进更加优秀、更有能力的人勇于开拓市场。

一、百果园的合伙模式三要素

百果园内部的这种门店合伙人模式，既解决了开店的问题，又解决了人员培养的问题，同时还解决了市场拓展的问题，让员工做到敢干、用心干、放心干。推动员工与企业之间的商业交易关系，向全互惠关系转型，并为其转型提供一种框架结构，同时还创立了一种公司与个人之间可以相互投资的模式。

（一）门店合伙人股权结构及职责明确

以股权为纽带，把公司的连锁单店由原来的加盟，变成自上而下、自下而上的合伙人制度，形成上下统一的利益链。

1. 合伙人模式

表 9－1　百果园的合伙人模式

<table>
<tr><th>角色</th><th>门店持股</th><th>职责</th><th>利润分配</th></tr>
<tr><td>大区加盟商</td><td>3%</td><td>门店选址，担任门店的法人
将经营权授权给店长</td><td rowspan="3">70%</td></tr>
<tr><td>公司片区管理者</td><td>17%</td><td>片区门店管理，相当于财务投资</td></tr>
<tr><td>门店店长</td><td>80%</td><td>负责店面的经营</td></tr>
<tr><td>公司总部</td><td>无商品差价
不收加盟费</td><td>提供系统的管理、运营、人才输出、品牌运营、人员培养、培训、门店运营、店员的聘用管理</td><td>30%</td></tr>
</table>

2. 明确门店各合伙人的权责

虽然片区管理者投资 17%，但只享有分红权；而大区加盟商虽是法定代表人，但是要把店面的经营权转让给店长……各方之间形成利益互动，而不是“我是法人，我是店长，很多事情必须由我说了算”。这种设置，是为了让大家既是投资者，也要把控经营风险。对于店长来说，也意味着背后有更多的人在监督，如果店长方面出现什么不可控的问题，大区加盟商（法定代表人）可以把经营权拿出来，换人经营。

（二）人才复制机制

门店合伙模式的成功，除了合理有效的股权结构外，还需要有人才的培养机制，人才要跟得上，才是企业能够在门店合伙机制下快速开店的关键。

百果园的人才从哪来？怎么培养出来的呢？

（1）内部培养合伙人：百果园对合伙门店考核的要求，有一条是每家门店一年要为公司输出一名新店长（合伙人）人选。一般而言，成为店长的培训周期为 8 个月到 1 年，公司会根据实际情况看门店培养出的新店长是否符合要求，进而决定其能否投资管理新店铺。也就是说，作为门店的店长，参与门店的经营，获得最大的收益，但是同时承担着门店运营的经营指标和培养合伙人的育人指标。

（2）明确员工的晋升成长体系，招聘普通员工—内部培养—选拔店长—片区管理者—大区加盟商，所以只要你有能力，一旦进入百果园这个体系，就有机会成为店长，成为投资者。

为什么一定要内部培养呢？因为来自外部招聘的人才往往不稳定，对于公司的文化、价值观也很难一下理解并将其融合到自身的工作中，容易对工作造成一定的影响。所以合伙人一定要从内部培养，而不是从外部招聘或者加盟。内部员工成为门店的合伙人，一来积极性高，能够降低门店运营成本，保证品质和服务；二来能保证新店长的培养，门店数量容易裂变。再配合晋升体系，才能保证所选拔出来的关键人员真的有能力把这个店经营好，从而降低不盈利店面的存在率。

（三）退出通道

公司专门设定股权流动评估体系。考虑门店的经营价值，给予勇于拓展新店的店长一次性 3 倍补偿，让店长更加有干劲，同时也让店长在拿到补偿后有资金投入新拓店面，降低员工的出资压力。

比如一家店获得的年分红收益是 10 万元，A 是其中一个店的店长，因为能力突出，公司想让他出去开拓新市场，这样就意味着要放弃自己原来经营的这个店。这种情况下，公司一次性给 A 补偿 30 万元，同时返还早期在这个门店的原始出资。

百果园退出通道的设计，一是为了让有能力的人获得更好的锻炼，去开拓新的市场；二是也能让员工在开店后依然无后顾之忧，不必担心会因合伙开店而被捆绑。一切都是在机制的运转下，自愿选择。

二、公司对合伙门店的政策支持

1. 解决员工的出资问题

门店合伙员工的出资，一方面是自筹；另一方面可以由公司以借款的方式帮助员工出资，这部分资金可以在后期店员的分红中扣除。

2. 不收取特许加盟费，只收取每个店 30% 的利润

百果园不收取特许加盟费，只收取每个店 30% 的利润，因为前期公司可以帮助员工出资，中间不存在商品差价收益的问题，并帮助店面运营和管理，所以只收取 30% 的利润。

3. 不依靠商品差价收益

这也是百果园与其他传统连锁行业的区别。传统方式中，连锁店运营公司总部的盈利基本上来自加盟费、技术服务费、原材料供应的差价、品牌使用费等。而百果园不收加盟费、不靠商品差价收益的方式，打破了传统的连锁行业盈利模式。所以，他们在公司不出资的情况下，可以拿各门店 30% 的收益，作为公司的收益。

4. 分红补贴制度

通过设立分红基数，制定分红基础利润，具体基数根据门店运营情况，一年一评定，每年评定这个店的分红基数。针对新开店面前期的亏损，进行分红补贴。

比如一家新开店亏损 10000 元，分红基础利润是 6400 元，则补贴这家门店 16400 元。这个补贴正是为了开新店，保证在开店初期，因不能马上盈利而影响开店合伙员工的积极性，同时也让员工更加放心，想着怎么把店经营好，而不是总想着店亏了，自己的钱也要亏进去，想着怎么为减少自己的亏损而去做有损店面的事情。公司通过补贴机制，让员工更加安心。

5. **公司承担亏损**

加盟店每月亏损由百果园承担，如果连续亏损三年，公司会对门店进行评估，确定关闭。相当于公司能承担门店的亏损期限是三年，对于拿钱开店的员工来说，因为有公司的补贴，即使门店中有亏损的，员工也不会有太多的损失。

正是公司的这些政策支持，让员工感觉到，在这里干，只要干得好，只会挣钱，不会赔钱，风险是可控的。对于成为合伙人的员工来说，只需要把店面经营好，把人才培养好，其他的一切，公司层面都会给予足够的赋能。就像部队去打仗，将军负责把将士的士气提上来，把战术确定好，把仗打好，而所有的粮草物资、后勤等，总部都会给予足够的支持，将士只要放心开战就行。

三、百果园门店合伙模式的启发

百果园的这种门店合伙模式带给我们什么启发，有什么可以借鉴的呢？

1. **公司赋能，打造内部创业平台**

公司做平台，员工做创客，人人都是合伙人。可以先以单一门店做试点，快速迭代，反复完善；形成以店长为核心，其他店员为辅助的内部合伙人平台，人人都是合伙人。

公司平台形成内部的核心价值，能给员工带来什么，如何给予足够的支持和赋能，内部形成什么样的文化、力量。

2. **形成内部人才培养机制**

人才培养最好的方式就是师傅带徒弟，那么新的问题来了，如何避免师傅担心带出徒弟来自己被消除“我花时间和精力带出来的徒弟跟我有什么关系”的后顾之忧呢？以门店合伙人的模式，可以将店长与培养人才进行结合，形成连带效应和人才裂变机制。也就是将徒弟的收益和师傅的收益相关联，形成最紧密、持久的利益共同体。同时结合公司的合伙人机制、晋升通道，人才培养体系，形成一个系统的链条。

3. 门店合伙基本原则

门店合伙人模式的设计，要包括怎么设置股权、进退机制、风险防控等要素，形成一个综合的合伙方式，同时公司层面要做好赋能机制，才能最终将门店合伙落到实处。无论用什么模式，参与合伙的员工必须出钱，出钱出力，钱在哪儿，心在哪儿。降低员工的合伙风险，公司兜底，让员工放心、放手地去干。合伙规则设计要结合公司的人员晋升体系，打通人才培养的利益关联；提前设计退出通道，降低公司的风险，让员工觉得安全，对公司和员工双方都有益。

4. 帮助员工实现个人的自我价值

通过与员工合伙，不仅激发员工的潜能，发挥他们的能力，体现个人的价值，同时也让员工在努力为自己干的过程中享受到对应的收益。既能让员工被尊重、被认可，又能获得财富，对员工来说是一件好事，对企业来说是积攒更多的福报。

百果园的门店合伙人模式之所以成功，并不完全归功于它的模式，而是在合伙模式之前，百果园已经做了积累和体系的完善，有了一定的品牌效力、健全的管理效力、全面的供应链效力。它的情况对于普遍的连锁企业，可借鉴性会有一定的制约。合伙的目的是让员工更好地发展，更愿意留在平台上，更愿意培养人才，但是如果公司给予的赋能达不到，会造成员工想办法脱离公司自己干。但是百果园这种思维方式是可以借鉴的。充分分析公司的产品、人群、业务模式、所处的阶段、内部体系完善的情况等方面，以合伙人的方式去做自己的合伙人模式，但是一定要做适合自己的，而不是生搬硬套。比如喜家德，也是连锁门店，他们的模式就和百果园不同。海底捞基于人才的复制方面，也是以合伙股权激励的方式设计的，但是跟百果园、喜家德又不同。

企业要打造自己的内部合伙人机制，从企业运营方面讲，我们更多的是激励员工，发挥员工的自主能动性，为公司创造更多的价值。从人性的角度讲，是企业老板的一种善意和无私，通过合伙人机制更多地激发员工去实现个人价值，帮助员工成就自己，而不是自私地认为，企业就是我的，员工只是给我打工的。当老板的心态发生变化的时候，企业的机制和结构定然发生变化，对于企业的持续成长，更能增加动力。

第三节　马云如何用 3010 万元控制 14 亿元的金融集团

只要提到企业控制权的问题，很多人都会说马云才百分之七点几的股份，就控制了阿里巴巴。方法无非是一致行动人协议、一票否决权、AB 股计划等的应用。其实这些只是控制权的一个方面，在本书第八章第二节“如何设计公司的控制权”都有描述。如何通过搭建多层的持股，通过股权顶层设计进行控制权的设计，今天就借马云的另一个案例来简单分析一下。

提到支付宝，我们能想到的就是马云，认为支付宝就是马云的，其实支付宝只是一个产品，他属于浙江蚂蚁小微金融服务集团有限公司（以下简称“蚂蚁金服”），但为什么一提到支付宝，大家会觉得他是马云的，马云到底是如何控制蚂蚁金服成为支付宝的主人的呢?

我们先来看一下蚂蚁金服的股东有哪些，如表 9 – 2 所示。

表 9 – 2　浙江蚂蚁小微金融服务集团有限公司股东

浙江蚂蚁小微金融服务集团有限公司		
法人股东	投资金额（万元）	占股权的比例
上海莳泓投资中心（有限合伙）	89.7263	0.06%

续表

浙江蚂蚁小微金融服务集团有限公司		
法人股东	投资金额（万元）	占股权的比例
北京中金甲子伍号股权投资合伙企业（有限公司）	280.3947	0.19%
春华景信景福（天津）投资中心（有限合伙）	392.5527	0.27%
苏州工业园区国开鑫元投资中心（有限合伙）	411.6856	0.28%
国开金融有限责任公司	609.7432	0.42%
上海经颐投资中心（有限合伙）	610.843	0.42%
春华景信（天津）投资中心（有限合伙）	687.0837	0.47%
上海金融发展投资基金二期（壹）（有限合伙）	741.0341	0.51%
新华人寿保险股份有限公司	967.4784	0.66%
人保资本投资管理有限公司	1245.7445	0.85%
中国太平洋人寿保险股份有限公司	1247.8732	0.86%
北京中邮投资中心（有限合伙）	1458.8165	1.00%
上海云锋新呈投资中心（有限合伙）	1514.1318	1.04%
北京京管投资中心（有限合伙）	1682.3686	1.15%
海南建银建信丛林基金合伙企业（有限合伙）	1850.6056	1.27%
上海众付股权投资管理中心（有限合伙）	2137.8889	1.47%
上海祺展投资中心（有限合伙）	2335.6872	1.60%
上海麒鸿投资中心（有限合伙）	2411.3952	1.65%
中国人寿保险（集团）公司	2425.5314	1.66%
置付（上海）投资中心（有限合伙）	4486.879	3.08%
全国社会保障基金理事会	6797.7623	4.66%
杭州君澳股权投资合伙企业（有限合伙）	49818.5401	34.15%
杭州君瀚股权投资合伙企业（有限合伙）	61677.8819	42.28%
总投资额	145881.65	100%

仔细分析一下不难发现，蚂蚁金服总投资 14 亿多元，其中有两家公司的投资额占到了总股份的 76.43%。单独摘出来这两家公司：

（1）杭州君瀚股权投资合伙企业（有限合伙）。

（2）杭州君澳股权投资合伙企业（有限合伙）。

那我们再来追踪一下这两家企业里面有没有马云。

杭州君澳股权投资合伙企业（有限合伙），如表 9－3 所示。

表 9－3　杭州君澳股权投资合伙企业股东

杭州君澳股权投资合伙企业（有限合伙）		
法人股东	投资金额（万元）	占股权的比例
杭州云铂投资咨询有限公司	500	0.49%
程立	2454.512	2.41%
樊路远	2454.542	2.41%
张建锋	2454.512	2.41%
张宇	2454.512	2.41%
胡晓明	2454.5121	2.41%
蒋芳	2454.5121	2.41%
刘振飞	2454.5121	2.41%
吴敏芝	2454.5121	2.41%
井贤栋	3681.5093	3.61%
彭翼捷	3681.5093	3.61%
武卫	3681.5093	3.61%
俞思瑛	3681.5093	3.61%
戴珊	4908.5066	4.81%
姜鹏	4908.5066	4.81%
金建杭	4908.5066	4.81%
童文红	4908.5066	4.81%
王坚	4908.5066	4.81%
王帅	4908.5066	4.81%
吴泳铭	4908.5066	4.81%
曾鸣	4908.5066	4.81%
张勇	4908.5066	4.81%
邵晓锋	5727.0224	5.62%
陆兆禧	8590.5336	8.43%
彭蕾	8590.5336	8.43%

这里面跟马云没有关系。

杭州君瀚股权投资合伙企业（有限合伙），如表9－4所示。

表9－4　杭州君瀚股权投资合伙企业股东

杭州君瀚股权投资合伙企业（有限合伙）		
法人股东	投资金额（万元）	占股权的比例
杭州云铂投资咨询有限公司	500	0.54%
杭州君洁股权投资合伙企业（有限合伙）	89241.8	96.75%
谢世煌	500	0.54%
马云	2000	2.17%
总投资额	92241.8	100%

马云投了2000万元。

2000万元在这里也是个皮毛，对于掌握控制权来说，起不到什么作用。我们再仔细看一下这两个君字打头的公司股东里面有没有什么相同的？都有一个共同的法人股东：**杭州云铂投资咨询有限公司，而且都是投了500万元**，那么这个公司到底和马云有没有关系？我们也是通过一定的技术手段，获得该公司的基本信息，如图9－1所示。

图9－1　杭州云铂投资咨询有限公司

这是一家一人有限责任公司，投资1010万元。这个公司是马云自己的。这和前面投的2000万元加起来才3010万元，还差得很远。

秘密到底是什么呢？

前面两个君字打头的公司都是“有限合伙”企业，而杭州云铂投资咨询有限公司虽然只投入 500 万元，持股权的比例连 0.5% 都不到，但却是这两个公司的“普通合伙人”也就是说，云铂实际控制了君瀚和君澳两家公司，再简洁一点说，马云通过“有限合伙”企业的形式，只用了 3010 万元，就控制了 14 亿元的金融集团，如图 9－2 所示。

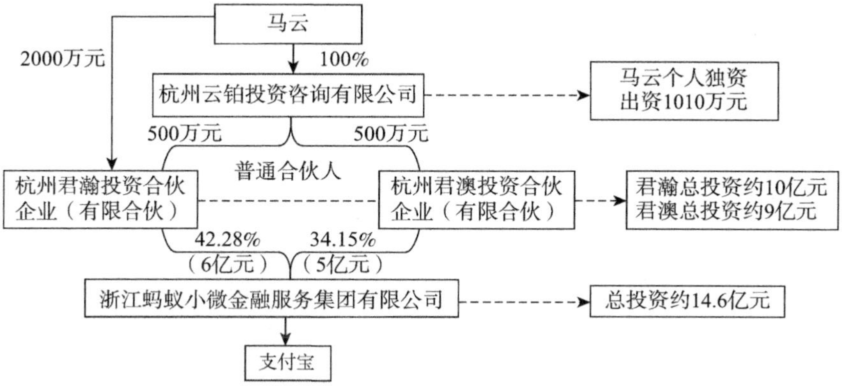

图 9－2　蚂蚁金服的控制示意图

这就是高明的手段，用最少的钱，办最大的事。

这也是通过有限合伙企业进行企业顶层设计的完美体现。

在《控股是王道》一书中，黄光裕除了是大股东的角色，运用了大股东权利外，还充分发挥了股东会、董事会的各项规则，才得以保全国美的控制权。

公司控制权很重要，但是怎么运用、怎么设计，都是要从企业一开始就考虑的，方式方法有很多。不少朋友跟我说：“苏老师，我要把股权都分掉，只留 20%，或者更少，你给我设计一下，像马云、任正非那样，持很少的股份就能控制公司。”我总是苦笑，要知道马云刚开始也不是只有百分之七点几，任正非刚开始也不是只有百分之一点几，这都是一个变化发展的过程，只要提前做好股权筹划，然后顺着公司的发展一步步走就好了。（因时间因素，本文数据仅做参考）

附一

常见的一些股权问题

关于股权，大家在实践中总会遇到各种各样的问题，这里我将自己在服务客户的过程中遇到的常见问题及建议，进行了如下整理，希望对读者有所启发。

一、股权合伙人中常见的一些问题

1. 有的合伙人是公司的重要岗位，但是因为前期出资比较少，持股权的比例比较低，他觉得不公平，怎么调整？

建议：可以通过增发股权的方式对能力强的合伙人做股权激励，通过股权激励，让前期占股权的比例较少的合伙人，后期通过自己的努力来获得更多的股权。

2. 分红权与表决权可以单独约定吗？

建议：可以的，股东之间可以通过协议，将分红权和表决权进行单独约定，不按照股东持股权的比例进行，只要是全体股东一致认可的规则即可。

3. 我是项目的创始人，朋友投资金额比我多，但他不参与管理，怎么保证我的控制权？

建议：让朋友在股权比例上占小股，可以约定前期让朋友多分红，投资金额回本或者公司达到某一个业绩后，再按照持有的股权进行分红。

4. 我们两个股东的持股权的比例为 51% 和 49%，合理吗？现在有两个新股东想加入，新股东的股权从哪给？老股东的股权怎么调整比较合理？

建议：这种股权结构不太合理，建议正好通过新股东的加入，进行适当调整。大股东持股 51%，其他三个股东可以持股 49%，这样就会好很多。新股东的股权建议：一是两个股东同比例稀释；二是 49% 的股东进行转让。因为股权的调整会影响原来持有 49% 股权的股东的利益，所以还需要考虑从分红上进行调整和平衡。

5. 我是做门店连锁的，现在有两家店，经营情况良好，但是资金有限，打算开一家新店，想通过众筹的方式来做，这种情况下新店我持股多少合适？

建议：一般单店的众筹，参与投资的人都不会参与店面的实际管理，最终的决策权都在你这里，你持股多少影响不大，建议可以在30%～40%，拿出60%左右的股权进行众筹是可以的。把众筹股东的退出方式约定好，做好风险防控就可以了。

6. 我持股30%，另外两个股东持股70%，但是他们不参与经营，公司主要由我一个人负责，目前已经盈利，还没开始分红，如何才能让我的股权比例增加？

建议：公司还没分红还好处理，如果公司已经运行几年，每年都按照如上比例分红，会比较麻烦。这种情况建议双方约定，公司每达到一个利润指标时，另外两个股东同比例稀释一定的股权给你，约定公司最初的价格，你按这个价格来买股权，直到你的股权达到51%及以上。

7. 股东的股权可以代持吗？

建议：可以，只要股东双方达成一致，签订《股权代持协议》约定好责权利即可。

8. 股东的股权比例可以和表决权不一致吗？

建议：在有限责任公司的情况下，股东各方可以通过章程或者协议约定，股权比例与表决权比例同股不同权。

9. 以连锁为主的公司层面管理层是否能持有分店的股份？分店员工是否能持有公司层面的股权？

建议：股权激励的原则一般是持上不持下。对于公司层面的管理层，做长期激励建议还是在公司层面持股，但是可以在店面层面设置合伙人时，按照管理层分管区域的店面，管理层人员可以从投资的角度参与一部分，但要实际出资，并约定好对应的规则。分店的员工不建议直接在公司层面持股，先以分店持股即可。

10. 我一个朋友占公司50%的股权，我想入股，他说有一个股东是以500万元估值投资的，我想以低于500万元估值投资，在不影响其他股东的利益和估值的前提下，我可以购买他手里的股份，然后再做工商变更吗？

建议：如果你这个朋友是以他个人的名义转让给你，价格上你们可以协商。因为股东有优先认购权，所以前提是他公司的其他股东同意转让给你才可以，如果公司其他股东不同意，也实现不了。

二、股权激励常见的问题

1. 跟了我多年的员工，忠心耿耿，但有些跟不上公司的发展了，现在新进的员工能力很强，下一步将是公司的中坚力量，股权激励的时候，两者如何平衡？

建议：这是股权激励中如何选对象的问题，一定要思考全面，既要考虑过去老臣的贡献，也要考虑未来苗子的发展。建议老臣、功臣、骨干、优秀人员都要考虑在内，但是各方在持股权的比例上做好平衡。

2. 为什么我们公司说做股权激励，员工都不太感兴趣？

建议：当公司出现这种情况时，老板一定要先反思。说明员工对公司未来的发展或者老板的信任不足。建议老板给员工讲清楚未来公司的发展，同时认真表态，真心把员工当合伙人，或者在实施过程中采用第三方与员工进行沟通。

3. 企业在什么阶段开始做股权激励比较好？

建议：每个阶段都可以，就是不同阶段的设置方式不同，因为要匹配企业当下阶段的发展目标。尽量选择企业上升阶段，避免等到企业走下坡路时再考虑，员工的信心就会不足。

4. 公司亏损可以做股权激励吗？

建议：如果公司未来的发展有前景，只是当下亏损，是可以考虑做股权激励的。这个时候可以以亏损作为基准，比如去年公司亏损 50 万元，今年可以设置公司的目标为亏损 20 万元，只要达成这个目标，公司可以从少亏的数量中拿出一定比例用于员工激励。对于企业来说，少亏就是赚，逐步实现公司的盈利。

5. 实施股权激励时，员工获得的股权怎么持有比较合适？

建议：成立有限合伙企业的持股平台，员工以自然人的身份在持股平台持股，这样不但能有效保证公司的控制权，而且员工出现离职、退出时，工商变更不会对主体公司产生影响。

6. 有投资人要投公司，估值 1 亿元，我的管理层也跟了我很多年了，我也想给他们一些股权，但以这个价格，他们没那么多钱，怎么办？

建议：公司先对员工进行股权激励，再让外部投资人进来，这样有了投资人的估值，公司好定价，对员工来说也有吸引力。可以按照外部估值的 5 ~ 8 折，以股权激励的方式让核心人才参与进来。这样投资人一进来，员工持有的股权价值就增长了，也能加大员工的激励力度。如果投资方先进，员工再进来，估值就不能低于 1 亿元，这样处理起来也会比较麻烦。

7. 给员工股权时，公司分多少股，每股金额多少，根据什么划分？

建议：一般是先对公司进行估值，确定公司的价值，前期可以将公司的估值虚拟为对等的股本，其股价就是 1 元/股。比如公司估值为 1000 万元，可以将公司虚拟为 1000 万股，即公司的 1000 万股对应公司 100% 的股权，这个时候的股价就是 1 元/股。

8. 员工入股的时候，是需要交股本金的，退出的时候是否还给他呢？是否每一年都交？

建议：员工入股时，根据你设置的模式，一般是需要出资的，中途退出时，可以退给他。这部分是对应他获授股权的应出资，可以分一次性支付，或者分批支付。

9. 被激励的员工入股公司，是否需要在工商局办理股权变更？

建议：如果是实股，才会涉及工商变更，不是实股是不需要进行工商变更的。

10. 如何核算员工出资的费用，或者说公司值多少钱，员工入股多少钱？

建议：针对的是员工，所以在出资上不会高于店面或者公司的估值，如果是新开店面，建议用店面实际投入作为价值，如果是公司，需要看公司的发展阶段和实际经营的数据情况。正常的逻辑是先确定店面或者公司的价值，然后确定释放给员工的比例或者数量，自然就能对应出员工的出资。

11. 公司拿出 20% 的股份做股权激励，到了年底，公司净利润 1000 万元，公司是不是必须拿出 200 万元来分红呢？

建议：公司净利润，要先提取 10% 的法定公积金，然后再留存第二年的发展金，剩下的才用于股东的分红。股东按照持股权的比例进行分红。

12. 我现在想接一个倒闭的店，想让店里的内部员工入股，怎么对他们做激励？

建议：首先要跟员工讲清楚未来这个店的发展和规划，以及如何使亏损的店实现盈利。想让员工参与要让他们看到收益，调动他们的积极性。可以在设定规则时，以老板兜底为原则，员工不承担店面的亏损；入股之后正常情况下退出，如果店面没有分红，老板可以按银行存款利息或者约定一个补助回报，退回员工的出资，收回他的股权。降低员工的风险，规划未来发展，才能坚定员工的信心。

13. 合伙人也可以实施股权激励吗？如果采用定向增发的方式具体怎么操作呢？

建议：公司的合伙人（股东），也是可以作为股权激励的对象进行激励的。

采用定向增发的方式具体是先给公司估值，比如公司估值 1000 万元，想给合伙人 10% 的股份，采用定向增发的方式，那就是增资 10% 的股份，就是合伙人再拿 110 万元。

14. 公司引进新股东或者做股权激励，这些人的出资，钱是给公司还是给原股东？

答：如果引入的新股东获得的股权是公司原有股东以个人转让的方式，钱应该给转让的股东。如果是以增资扩股定向增发的方式，是同比例稀释原有股东的股份，但是公司的注册资本会增加，这种方式出资是给公司的。

15. 有一位股东去世了，之前没有相关的约定，去世后股权应该怎么处置，生前也没有遗嘱说明股权应该给谁，而且他有两个孩子，其中一个还是公务员。针对这种情况该怎么处理？

建议：《中华人民共和国公司法》第 76 条规定："自然人股东死亡后，其合法继承人可以继承股东资格，但是，公司章程另有规定的除外。"所以，如果公司章程没有特别约定，股东去世后，一般来说由其法定继承人来继承股权，也可以股权转让。但是其中一个是公务员，我国《公务员法》第 53 条第 14 款规定的违反纪律的行为为："从事或者参与营利性活动，在企业或者其他营利性组织中兼任职务"。从这点看，如果公务员身份的继承者继承了股权属于违反纪律，他是不能继承的。

16. 一家经营多年的企业，股东中有年纪大的，快到退休年龄了，之前章程中也没有相关的约定，公司正好利用做股权激励的时期调整公司章程，针对股东退休时他们所持股份是转让还是保留提出了困惑：

（1）要是转让股权，现在的股东就会想，我干了一辈子又失去了股权，退休后如何保障生活？大股东还会想，企业像自己的孩子，养大了我也老了，转出去就像把自己的孩子卖掉，以后与自己不相干了，能接受吗？有的还想传承给自己的孩子。

（2）要是不转让，都退休了还控制着企业，你的思想不一定跟得上企业的发展，一旦决策失误会让企业走向深渊，也不是自己想看到的。

建议：如果之前章程有相关规定的，可以按章程执行；如果没有约定的，可以结合企业做股权激励的时期及时做调整，正好解决这个问题。可以约定在股东退休后，股份转让给其他在职股东，但是分红依然享受；或者保留其一小部分股权，但是只享受每年的分红，不再参与任何经营管理及事件表决；或者股权转让后，根据他的工作年限及在职时的工资标准制定一个合适的标准，每个月给予补助。如果想传承给孩子的，尽量沟通不要让他传承给孩子，因为不能保证他的孩子一定适合公司，一定能对公司有帮助，如果非要传承给孩子的，也可以约定，孩子仅仅享受分红，把表决权让渡出来。

附二

常用的一些股权协议（仅做参考）

一、投资入股协议书

投资入股协议书

甲方：________有限公司

统一社会信用代码：

法定代表人：

送达地址：

电子邮箱：

联系人：

联系电话：

乙方：

身份证号：

送达地址：

电子邮箱：

联系电话：

甲方是一家于____年____月____日依法注册成立并有效存续的有限责任公司，乙方有意对甲方进行投资，成为甲方的股东，甲方原股东同意以增加注册资本金的方式对其股权进行调整，并且确认放弃对新增股东所认缴出资股份的认购优先权。现甲、乙双方就投资入股事宜，本着互利互惠、共同发展的原则，经充分协商，依据《中华人民共和国公司法》及相关法律法规之规定，特订立本协议。各方按如下条款，享有权利，履行义务。

第一条　出资金额、方式、期限

1. 经甲乙双方协商确认，同意乙方以货币方式出资，出资金额为人民币________万元（大写：________元），占增资后公司股份总数的________%。

2. 出资期限及方式：甲方同意乙方选择以下第（________）种方式出资：

（1）于本协议签订后________日内一次性全额出资。

（2）分期出资：于________年________月________日前实缴出资________万元；________年________月________日前完成剩余出资。

乙方未按约定期限出资，逾期15日后，甲方有权单方面解除本协议。

3. 甲方指定收款账户信息：

账户名：

开户行：

账号：

第二条　股权变更约定

1. 股东资格取得：甲方收到乙方缴纳的全部出资后5日内，向乙方出具收款收据，并将乙方记载于股东名册，享有认购股份项下的全部股东权利、承担股东义务。

2. 工商登记变更：甲方须在乙方实缴全部出资后30个工作日内完成股东变更的工商登记手续。

3. 股权的排他性和无瑕疵：甲方保证对其拟增发给乙方的股权拥有完全处分权，保证该股权没有设定质押、查封或其他第三方权利障碍，没有工商、税务问题，并免受第三人追索，否则甲方应当承担由此给乙方造成的全部损失。

4. 费用承担：在本次股权投资过程中，发生的相关费用（包括但不限于见证、审计、工商变更等）由甲方承担。

第三条　双方职责分工及经营约定

1. 由甲方指定人员，全权负责公司的日常运营管理，包括但不限于：对外开展业务，订立合同；对公司事业进行日常管理；公司的产品（货物）、购进常用货物；在公司经营需要情况下招聘人员及培训；审批日常开支及管理公司所有财务。参与公司前景所提供可行性方案与报告等。

2. 乙方在实缴全部出资后，成为公司的股东，但不参与公司日常的运营管理，对公司享受有知情权、监督权，享受对应的分红收益。

3. 甲方负责每________召开一次经营会议，由甲方实际经营者负责向乙方汇报公司近期的经营情况、业务进展、财务分析等，乙方有权在会议上提出自己的建议和意见。

4. 乙方认同由甲方指定________担任公司的董事长兼总经理。经股东会统一选举，乙方有资格参与公司监事一职的参选，具体落实以股东会的决议为准。

第四条　双方承诺

1. 甲方保证如下：

（1）甲方是按中国法律注册、合法存续并经营的有限责任公司。

（2）甲方在其所拥有的任何财产上已书面告知乙方未设置任何担保权益（包括但不限于任何抵押权、质押权、留置权及其他担保权等）或第三者权益；截止日后到本协议签订前所发生的任何担保权益或第三方权益，公司仍有义务书面告之乙方。

（3）自乙方出资之日前甲方不存在债务、欠款和欠税等方面的财务问题。

（4）甲方没有从事或参与使甲方现在和将来有可能遭受吊销营业执照、罚款或其他严重影响公司经营的行政处罚或法律制裁的任何违反中国法律法规的行为。

2. 乙方保证如下：

（1）乙方保证其依据本协议认购相应甲方股权的投资款来源合法，并且其有足够的能力依据本协议的条款与条件向甲方及时支付投资款。

（2）本协议经其签署后即构成对其合法、有效和有约束力的义务。

（3）有能力合理地满足甲方经营发展的预期需求。

3. 若其中一方由于违反上述陈述和保证，由其承担因此而产生的一切经济责任和法律责任，并赔偿由于违反该项陈述和保证而给公司及其他股东各方造成的任何直接损失。

第五条 双方的权利及义务

1. 甲方的权利及义务：

（1）甲方有按照本协议约定按时发放股权红利的义务。

（2）甲方有权按照本协议的约定，及时办理乙方出资获得股权的工商变更。

（3）甲方必须建立正规的财务制度，并将经营状况及时书面向乙方告之。

2. 乙方的权利及义务：

（1）依公司章程享有股东权利，承担股东义务。

（2）依据________%的出资比例享有公司利润，承担公司亏损。

（3）对成为公司股东之前的公司经营利润不享有任何权益、对营业损失及债务亦不承担任何责任；乙方成为公司股东之后，若由于公司清偿乙方成为股东之前的债务致使乙方遭受损失的，由甲方向乙方承担赔偿责任。

（4）应按本协议书之约定按时支付相应款项。

第六条 乙方投资限制

乙方将全部出资汇入甲方指定账户之日起至________年________月________日期间为投资限制期，乙方不得退股。

第七条 公司财务及分红约定

1. 财务约定：

由甲方指定的财务人员负责每月将公司的经营报表，以电子邮件的形式发送给乙方，以成功发送邮箱为主，自发送成功之日起一周内，如对数据有异议，乙方可向公司财务部提出，由财务部负责解释，如无异议，则视为同意。

2. 分红约定：

（1）公司分红每年暂定留取利润的________%为发展金，用于第二年公司的运营管理费用，剩余________%的可分配利润用于股东分红。如遇公司重大调整，或投资重大项目，另开股东会进行商议决定公司发展的留取比例。

（2）公司在盈利的前提下，每年（1月1日－12月31日）为一个分红周期，于次年的3月月底之前完成股东的分红，乙方承担利润收益的所得税，可由公司代扣代缴。

（3）分红方式：乙方依据________%的出资比例获得对应的分红收益。

第八条　乙方退出约定

1. 投资限制期内，因乙方个人原因提出退出的，由公司股东________按照1元或者法律规定允许的最低价格回购乙方持有的全部股权。

2. 投资限制期后两年内（________年________月________日－________年________月________日期间）退出，则由公司股东________按照乙方的原始出资额收回其持有的全部股权。

3. 投资限制期后第三年（________年）乙方退出，由股东××按照如下价格回购乙方持有的股权（两者任选其一）：

（1）按照公司近半年内的净资产对应公司100%的股权。

（2）如果前三年的分红，平均收益率不低于7%，则按照其原始出资额的1.2倍；如果低于7%，则按照原始出资额的1.5倍。

4. 限制期后第四年起，乙方可选择继续持有公司的股权。以后乙方退出时股权的价格按照公司当年实际的净资产对应公司100%的股权，由公司股东________或其他股东收回其持有的全部股权。

5. 限制期后第四年起，乙方有权向外部第三方转让股权，但应当经甲方其他股东过半数同意。其他股东半数以上不同意转让的，不同意的股东应当购买该转让的股权，不购买的，视为同意转让。

6. 乙方退出时，如果在分红期外，不进行当期的分红结算。举例：分红期为每年的1月－3月，如果A股东在当年7月份办理退股，则当年1月－7月的分红不进行结算。退出之后的利润与乙方无关。

7. 自乙方书面提出退出股权之日起，所退出股权的对价由回购方按照18个月内分三次支付，退出之日起首月内支付总金额的50%，6个月之后支付总金额的30%，余款20%于12个月后支付，后支付的两次款项按照乙方退出之日至退款之日期间计算同期银行利息结算。乙方需在余款支付完毕前，协助甲方办理完对应的工商变更手续，否则回购方有权不支付剩余金额。

乙方在约定期限内向外部第三方股东转让股权不受上述条款约束，由其与外部第三方协商确定。

第九条　乙方持股后的股权约定

1. 追加出资约定：甲方发展过程中现有资金不足以支撑下一步发展，由公司股东按比例追加投资，如果不追加投资的情况下，按照追加完的资金重新计算各股东的持股权的比例。

2. 股权转让：乙方按照本协议约定的退出方式，选择退出时须提前三个月书面通知甲方，甲方及其他股东应配合履行相应的法律程序。

3. 股权稀释：公司在发展过程中如需要引入外部投资股东、对员工进行股权激励等需要股权时，乙方同意按照同比例稀释原则，配合股权的释放。

第十条　公司注册登记的变更

在乙方实际出资到位后，按照本协议的约定，由公司召开股东会，做出相应决议后向工商行政管理主管部门申请工商变更登记。乙方应全力协助、配合公司完成工商变更登记。

第十一条　保密

鉴于本协议项下交易涉及双方商业秘密，双方同意并承诺对本协议有关事宜采取严格的保密措施。除履行法定的信息披露义务及任何一方聘请的负有保密义务的中介及服务机构外，未经对方许可，本协议任何一方不得向任何其他方透露。

第十二条　违约责任

1. 乙方迟延支付出资的，每日应支付拖欠款项千分之一的滞纳金，迟延超过30日，甲方有权选择解除协议；因乙方违约，甲方有权延迟股东的登记。

2. 甲方延期支付分红，每逾期一日，按照应向乙方分红金额的0.5%支付违约金。

3. 除本协议另有规定外，如协议任何一方不履行或违反本协议任何条款和条件，或者由于本协议一方向另一方所做声明、保证和承诺有不完整、不真实、不准确，造成对方损失的，守约方有权予以催告要求改正，严重违约或者经催告后拒绝改正的，守约方有权在要求赔偿的同时，选择解除协议。违约方应向对方支付相当于本协议标的额10%的违约金。违约金不能覆盖守约方因此遭受的损失的，还有权就不足部分继续索赔。

4. 因一方违约导致本协议不能履行或不能完全履行或者导致对方利益受损时，对方有权就其因此而遭受的损失、损害及所产生的诉讼、索赔等费用、开支（包括但不限于律师费、差旅费等）要求不履行方或违约方做出赔偿。

5. 尽管有以上规定，任何一方均不因本协议而就任何间接损失或损害对其他方承担赔偿责任。

第十三条　争议的解决

1. 本协议受中国法律管辖，有关本协议的成立、有效性、解释和履行及由此产生的争议的解决适用中华人民共和国法律。

2. 凡因履行本协议而发生的一切争议，各方首先应争取通过友好协商的方式加以解决。如果协商不成，则任何一方均可向甲方注册地的有管辖权的人民法院提起诉讼。

3. 继续有效的权利和义务：在对争议进行诉讼时，除争议事项外，各方应继续行使各自在本协议项下的其他权利，并应继续履行各自在本协议项下的其他义务。

第十四条　其他规定

1. 本协议自法人盖章及其授权代表签字，或自然人签字并按捺手印之日起生效。

2. 本协议经各方签署书面文件方可修改。

3. 本协议任何条款的无效不影响本协议任何其他条款的有效性。

4. 本协议一式叁份，甲方持有贰分，乙方持有壹份，叁份具有同等法律效应。

5. 通知

除非本协议另有规定，任何一方向其他方或公司发出本协议规定的任何通知应以顺丰快递发出，或者以电子邮件发出。以顺丰快递发出的通知，交邮后七（7）天被视为收件日期；以电子邮件发出的通知，以显示的邮件发送成功报告的后一（1）天被视为收件日期。

本文开头部分的送达地址及电子邮箱视为双方明确约定的往来函件的有效签收地址。当事人或有权签收人拒绝签收导致往来函件未被接收的，依法产生送达的法律后果。

6. 本协议与甲方《公司章程》有冲突的，双方之间以本协议为准。

（以下并无正文）

甲方（盖章）：　　　　　　　　　　乙方（签字并按捺手印）：

法定代表人或授权代表（签字）：

日期：　　年　　月　　日　　　　　日期：　　年　　月　　日

二、股东合伙协议

股东合伙协议

本协议由各方于________年________月________日在________省________市________（区/县）签订。

甲方：

身份证号码：

住所：

经常居住地：

手机号码：

邮箱：

乙方：

身份证号码：

住所：

经常居住地：

手机号码：

邮箱：

丙方：

身份证号码：

住所：

经常居住地：

手机号码：

邮箱：

（以上一方，以下单称“股东”，合称“协议各方”。）

甲、乙、丙三方经自愿、平等和充分协商，就本协议项下有关事宜，依据我国《公司法》《合同法》等有关法律规定，达成如下协议，以资各方信守执行。

第一条　公司及项目概况

1.1 公司概况：

公司名称拟定为：______有限公司，注册资本暂定200万元，最终公司名称、注册资本、公司的住所、法定代表人、经营范围、经营期限等主体基本信息情况，以工商实际登记为准。

第二条　分工及职责

甲方：任执行董事兼总经理，全职股东。

主要负责：

2.1 负责公司整体的运营管理，制定公司的战略目标。

2.2 负责公司的商务统筹，对外接项目，通过资源为公司的整体目标完成负责。

乙方：兼职股东。

主要负责：不参与公司的具体运营，仅对公司产品的拍摄工作承担全部职责。

丙方：兼职股东。

主要负责：公司产品的线上推广运营，对公司的推广结果承担全部职责。

第三条　股权结构安排

3.1 各方约定前期的启动资金暂定150万元，并按照如下约定的股权比例，在本协议签订后三个月内进行工商登记注册，承担注册股权比例对应注册资本的认缴责任：

（1）甲：暂定出资额80万元，出资形式货币，持股权的比例69%，最终按工商登记的注册资本以此出资比例认缴。

（2）乙：暂定出资额50万元，出资形式货币，持股权的比例21%，最终按工商登记的注册资本以此出资比例认缴，。

（3）丙：暂定出资额20万元，出资形式货币，持股权的比例10%，最终按工商登记的注册资本以此出资比例认缴。

（4）特别约定：

①协议各方一致同意甲方实际持股中的10%为未来公司用于员工激励的预留股权，由甲方代为持有，在公司实施股权激励前，甲方承担该部分股权的责任、义务和享受对应的收益。

②乙方作为实际出资人，不进行工商登记，由________作为工商登记的持股股东。乙方持有股权的表决权，由乙方的________以书面的形式授权给乙方行使。

3.2 公司在发展过程中，如前期投入不能满足公司资金需要，在注册资金未全部实缴到位的情况下，公司需要的发展资金先以认缴对应的出资额进行出资，在注册资金全部实缴到位后，投入仍不能满足公司资金需要，则协议各方应按各自持股权的比例追加投资，不愿意出资的，则其股权比例根据追加投资后做出相应稀释调整。

3.3 各方约定，公司召开股东会议需准时参加，如有迟到30分钟（含）以上或未到，则视为放弃表决权，同时不影响会议决议的生效。

定期股东会议时间为每年2次；每半年一次，具体时间以公司章程约定为准。

如遇重大、特殊事项急需处理，持有 20 %以上有效表决权的股东可以提议召开临时股东会议，临时股东会议时间由发起临时股东会股东召集和主持。

第四条 股权稀释

4.1 公司如因融资引进外部股东需出让股权，则由协议各方按股权比例共同稀释。

4.2 公司如因引入人才进行股权激励需出让股权的，先以预留的股权进行转让，当预留股权使用完后，由股东按股权比例共同稀释。

第五条 股权激励管理约定

协议各方一致同意：公司另行起草相关的股权激励文件。

第六条　股东权利与义务

6.1 股东的权利：

（1）了解公司的工作进展情况。

（2）了解公司的财务状况。

（3）我国《公司法》规定的其他权利。

6.2 股东的义务：

（1）按照本协议的约定，根据各自分工，履行股东的勤勉义务，完成公司各项任务，达成相应指标。

（2）按照《公司法》及本协议约定履行出资义务。

（3）不得滥用股东权利损害公司、其他股东或者公司债权人利益。

第七条　表决权约定

7.1 专业事项：

在公司管理运营中，对于股东负责的专业事务，公司实行“专业负责制”原则，由负责股东陈述提出意见和方案，如无反对意见的，则由负责的股东执行；因此产生的后果，亦由负责股东承担对应的责任。

7.2 特殊事项：

（1）审议批准公司对外投资或收购公司的方案及预算。

（2）公司增加或减少注册资本。

（3）公司的分立、合并、组织变更、解散和清算。

（4）《公司章程》的修改。

（5）审议批准股权激励计划。

（6）对公司向其他企业投资或者贷款或者担保笔数、担保金额的事项做出决议的。

（7）审议批准公司购买、出售重大资产超过三十万元事项的。

以上特殊事项，需经公司代表三分之二以上表决权股东通过方可执行。

第八条　财务及盈亏承担

8.1 财务管理：

公司应当按照有关法律、法规和《公司章程》的规定，规范财务和会计制度。甲方指定的公司财务人员负责每季度向公司全体股东提供公司的经营财务报表，以邮件的形式发送到本协议股东所留的邮箱，自发送成功之日起即视为收到。其他股东在收到经营财务报表一周内有权利针对财务数据的疑问提出质疑，由公司财务负责解释，直至提升至股东会。未在约定期限内提出异议的则视为无异议。

8.2 盈亏分配：

（1）出资约定，各方约定前期启动资金按以下约定出资，对应注册资本的认缴出资时间以章程约定为主。

股东姓名	股权占比	启动资金出资额度	启动资金出资时间
甲方			
乙方			
丙方			

其中员工股由甲方代持，在没有实际运用到员工激励时，所对应股权注册资本的认缴资金暂由甲方代为认缴。

（2）经全体股东一致约定同意，公司的亏损按照全体股东对应的工商注册持股权的比例进行承担，利润的分配按照如下约定方式进行：

股东姓名	持股权的比例	分红比例	分红条件
甲方	59%	54%	全职负责公司的整体运营，对公司整体经营目标负责
乙方	21%	21%	对应前期启动资金实际出资到位
		5%	分红按照：分红比例 5% ×公司当年可分配利润×完成率 如果是因为公司的原因，导致完成率偏低，则完成率按 100% 计。若未达指标，5% 的分红未全部分配，剩余部分留存公司不做分配

续表

股东姓名	持股权的比例	分红比例	分红条件
丙方	10%	10%	分红按照：持股权的比例 10% × 目标完成率 × 公司当年可分配利润。若未达指标，10% 的分红未全部分配，剩余部分留存公司不做分配
员工股	10%		在公司实施激励之前对甲方进行分红

（3）特别约定：

乙方的分红由其________进行单独约定，公司的分红直接分到乙方个人银行账户中。

①上表中乙方持有的 5% 的分红为甲方让渡给乙方的分红权，乙方需遵守如下约定：

A. 乙方与公司另行约定当年完成的拍摄服务作为乙方的考核指标，并符合公司约定的拍摄要求，年终由公司财务核算乙方当年拍摄目标的完成率。

B. 该部分的分红权，如与工商登记或公司章程冲突，仅以本协议约定的为准。有且只有分红权，无表决权、转让权等其他权利。如果中间因公司的发展，乙方拍摄完成率不能跟上公司的发展，公司另行选择拍摄人员，或者乙方不再提供拍摄服务，则由甲方无偿收回这部分股权的分红权。

②丙方：因前期以兼职方式参与公司的线上运营，各方一致同意由公司与丙方另行进行年度职责确认及工作目标的约定，并签订目标责任书，完成每年制定的工作目标/销售额。

（4）公司的可分配利润为提取法定公积金、公司发展金后的剩余部分。每年公司发展金的提取比例由公司股东会根据公司的发展进行约定。

以上利润分配方式的约定仅适用于本协议各方，对其他新引入股东的分红比例及分红方式，可根据实际情况进行调整或单独约定。

（5）薪资约定：

全职股东在岗享受对应的岗位工资，具体的薪酬标准根据公司对应的薪酬体系进行单独约定。

兼职股东在公司未盈利前不享受工资的发放，公司盈利后按照2000元/月进行补贴（或者由公司另行制定工资补贴标准，但不享受对应岗位的全职工资）。

乙方作为投资股东因不参与公司的具体运营工作，不享受公司的工资及任何补贴，仅按照上述约定，享受拍摄工作对应的分红权收益。

以上约定仅限于协议各方作为参照，若有变化，以公司实际运行的管理制度中制定的薪酬规定执行。

8.3 财务约定：

8.3.1 公司的财务约定：

（1）各方约定：__1__（自然年）分红__1__次。

（2）财务公开透明：各方同意由公司的财务负责人将公司经营财务报表按（自然年）度发送至股东邮箱或个人微信，发送成功即视为收到。各股东对财务报表有任何异议，在收到邮件后一周内到可书面向公司财务人员提出异议，财务人员负责解释，直至提升至股东会。

（3）股东可将经营财务报表提交会计师事务所审计，如审计后存在财务问题，费用由公司承担。如审计后无问题，费用由发起审计提议的股东承担。

第九条　股权锁定和处分

9.1 股权锁定：

为保证项目的稳定，协议各方一致同意：自本协议签订之日起__3__年内，各方不得向本协议外任何人以质押、信托或其他任何方式，对其所持有的公司股权进行处置或在其上设置第三人权利。

9.2 股权转让：

协议各方如因个人原因提出退出公司对外转让股权的，经得其他股东过半数同意，其他股东享有优先受让权。

9.3 股权分割：

各方同意：公司存续期间，任一股东离婚，若其股权被认定为夫妻共同财产，其配偶不能取得股东地位。其股权交由公司指定的评估机构进行评估（评估费用由该股东承担），并由股东对其配偶进行分配补偿，若因股东不向配偶补偿造成配偶主张成为公司股东的，其余全部或部分股东有权按照同比例代为向其配偶进行补偿，并取得相应比例的股权。

9.4 股权继承：

各方同意：任一股东去世，其继承人仅继承股东财产权益，不得继承股东资格地位；股权遗产财产权益，交由公司指定的评估机构进行评估（评估费用由公司承担），其余全部或部分股东有权按评估价格同比例受让，并按向该股东继承人支付的股权价值比例取得相应比例的股权。若继承人具备股东资格的能力，在其他股东一致认同的情况下，可继承股东资格，享受股东对应的权利。

第十条　股东的引入

10.1 专业人才股东的引入：

公司如因项目发展需要引入专业人才股东的，必须满足以下条件：

（1）该股东专业技能与公司发展匹配，并经各方股东认可。

（2）所需出让的股权比例由各方股东通过。

（3）该股东认可本协议条款约定。

10.2 投资人股东的引入：

在公司发展过程中，公司如因项目发展需要引入投资人股东的，须经各方股东共同商定，针对具体的引入方式及合作情况，以实际情况另行进行约定。

第十一条　股东的考核约定

11. 1 协议各方一致约定，乙方需每年按照公司的需求完成作品的拍摄工作，并符合公司的拍摄要求，每年不低于 6 次拍摄工作。

11. 2 公司与丙方另行进行年度职责确认及工作目标的约定，并签订目标责任书，完成每年制定的工作目标/销售额。

第十二条　股东退出及价格约定

12. 1 非正常退出：在本协议签署之后，任一方触发以下任一事件的，由公司指定甲方受让触发方的全部股权：

（1）因故意或重大过失给公司造成重大损失。

（2）因故被判处承担刑事责任的。

（3）违反本协议约定的其他义务的。

（4）与同行业或者竞争对手合作。

12. 2 受让价格由各方共同协商，协商不一致的，以受让时标的股权对应的以下两种价格较低者为准：

（1）截至回购时，被回购方实际出资额。

（2）公司最近一期净资产价格。

12. 3 正常退出：在本协议签署之后，任一方因个人原因在友好协商的情况下提出退出，由公司指定甲方受让退出方的全部股权，按如下约定退出：

（1）一年之内退出，仅退还其原始出资额的 50%。

（2）三年之内退出，仅退还其原始出资额。

（3）三年以后退出，退出价格由各方协商，协商不一致的，以提出回购时标的股权对应的以下两种价格较高者为准：

①截至回购时，被回购方实际出资额。

②公司最近一期净资产价格。

③公司最近一期对外融资估值的二分之一。

12. 4 甲方有权向发生该等情形的股东发出书面通知，退出股东须在收到通知后30个工作日内配合办理股权变更登记相关事项，否则视为违约，违约方承担其持有股权对应注册资本5%的违约责任。

12.5 任一股东退出当年不结算其当年的分红，退出之后不再享受公司任何股东权利。

第十三条　竞业限制

股东不得以自营、合作、投资、被雇用、为他人经营等任何方式，从事与公司相同或类似或有竞争关系的产品或服务的行为，如出现以上情况的，则按照本协议的12.1 执行。

第十四条　保密

14.1 协议各方在商谈本协议过程中已经或将要提供给另一方的包括但不限于技术、财务和商业等方面的任何信息，另一方应给予保密，不得向第三方披露。

14.2 因法律法规规定或应政府部门、司法机关、仲裁机构要求披露相关信息的，上述禁止不适用。但如在法律允许的情形下，被要求披露信息的一方应于采取任何披露行动前书面告知另一方。

第十五条　项目终止、公司清算

15.1 如因政府、法律、政策等不可抗力因素导致本项目终止或者公司解散，协议各方互不承担法律责任。

15.2 经股东表决通过后可终止公司经营，协议各方互不承担法律责任。

15.3 本协议终止后：

（1）由股东共同对公司进行清算，必要时可聘请中立方参与清算。

（2）若清算后有剩余，股东须在公司清偿全部债务后，方可要求返还出资，按股东各方实缴出资比例分配剩余财产。

（3）若清算后有亏损，协议各方以出资比例分担，遇有股东须对公司债务承担连带责任的，各方以认缴出资比例先行偿还，然后予以追偿。

第十六条　约束力

本协议是甲、乙、丙三方的真实意思表示，如与《公司章程》及修正案约定不一致的，在甲、乙、丙三方范围内以本协议约定为准。

第十七条　违约责任

甲、乙、丙三方若违反或不履行本协议、《公司章程》约定的义务，须向守约方承担违约责任，除赔偿给公司与守约方造成的一切经济损失外，应按照守约方对应认缴出资额的1%支付违约金。

第十八条　争议解决

如因本协议及本项目发生之争议，协商不成的，任一股东有权向本公司注册地法院提起诉讼。

第十九条　通知

协议各方一致确认：各自在本协议载明的地址、手机号码、邮箱均为有效联系方式，任何一方改变需及时书面通知其他股东，否则按此地址寄送的任何文书视为有效送达，通知约定如下：

（1）向对方所发出的书面通知自发出之日起7天内视为送达。

（2）所发出的手机短信或邮件，自发出之时，视为送达。

（3）在公司公告栏或网站发布公告，自发布之日起15日内，视为送达。

（4）在各方约定的报纸名称刊登公告之日起30日内，视为送达。

（5）因意外遗漏未向有权得到通知的人送出通知或者因意外等原因，致使受通知人没有收到通知，相关会议及会议做出的决议并不因此无效。

第二十条　生效及其他

20.1 本协议经协议各方签字并按捺手印后生效。

20.2 本协议中未约定的股东会、董事、监事等方面的其他内容及公司的具体管理体制由《公司章程》另行予以规定；本协议长期有效，除非全部股东另行签署新的股东协议。

20.3 未尽事宜，由协议各方另行协商，补充协议与本协议具有同等法律效力。

20.4 本协议一式肆份，协议各方各持壹份，报公司备案壹份，每份具有同等法律效力。

（以下无正文，为签署页）

甲方（按捺手印）：

乙方（按捺手印）：

丙方（按捺手印）：

三、某信息有限公司超额利润员工激励方案

为了加大对该公司员工的激励力度，确保当年该公司下达的各项经营计划指标顺利完成，实现员工与公司一同分享公司发展所带来的收益。结合公司目前运营的特点，经充分沟通研究，特对该公司制定员工超额利润奖励方案。

具体实施内容：

（一）释义

除非另有说明，以下简称在本文中作如下释义：

（1）公司：某信息有限公司。

（2）董事会、监事会：指公司董事会、监事会。

（3）利润激励基点：指经公司股东会决定的公司当年经审计的某一具体净利润数额；本激励方案项下，2019 年利润分红激励基点暂定为 200 万元，之后的每一年利润分红激励基点根据公司上一年的发展由公司股东会（或者是管理经营层）统一制定。

（4）超额利润激励：指在公司当年所获净利润超过利润激励基点的前提下，依据相应超出基点的比例，分区间计算相应的奖励用于公司员工激励的一种方式。

（5）退出机制：是指发生所列示的行为，即丧失相应的激励资格。

（6）窗口期：指董事会确定的每年集中办理股权激励相关事项（分红、兑现）的特定时期（暂定为每年2月1日—2月28日）。

（二）股权激励方案的目的

公司制定、实施本激励方案的主要目的是为了完善公司激励机制，进一步提高员工的积极性、创造性，促进公司业绩持续增长；在提升公司价值的同时为员工带来增值利益，实现员工与公司共同发展。具体表现为：

（1）建立公司对核心员工的中长期激励约束机制，将激励对象利益与股东价值紧密联系起来，使激励对象的行为与公司的战略目标保持一致，促进公司可持续发展，进一步推动公司的快速成长。

（2）通过本激励方案的引入，进一步完善公司的绩效考核体系和薪酬体系，吸引、保留和激励实现公司下一步战略目标所需要的人才。

（3）树立员工与公司共同持续发展的理念和感恩文化。

（三）本股权激励方案的管理机构

（1）公司股东会负责审议批准本股权激励计划的实施、变更和终止。

（2）公司董事会是本股权激励计划的执行管理机构，负责拟定本股权激励计划并提交股东会审议通过；公司董事会授权公司综合部办理本股权激励计划的实施及每年对方案进行修订、优化等，提交董事会审议后，由公司股东会审批。

（3）公司监事会是本股权激励计划的监管机构，负责核实激励对象名单，并对本股权激励计划的实施是否符合相关法律法规及《公司章程》进行监督。

（四）股权激励方案的激励对象

激励对象需同时满足下列条件，方可参与年终超额利润激励的分红：

（1）截至当年的12月31日，已办理正式入职手续的员工。

（2）从入职到当年年底平均考核完成率在60%以上（年度考核合格）。

（五）激励期限

（1）本激励方案自公司股东会审议通过后实施，考核期为每年的1月1日至12月31日，连续执行三年（即　　年　　月　　日起至　　年　　月　　日），每年度根据公司当年度的盈利及考核情况执行一次。

（2）每年的1月1日至1月31日，对上一年度方案实施的结果进行公布，包括本次符合条件的人员，考核结果及具体分配数量等。公示期为三天，三天之内员工可向公司综合部提出异议，若无异议，则由公司财务部按照本方案的约定在窗口期内完成当年对应的奖励结算、分红发放等兑现。

（六）激励额度

1. 激励总额度

2019年用于超额利润激励的激励基点为公司净利润200万元，当公司净利润达到并超过该基点时，按下表所对应超额比例分区间分别计算相应的奖励，然后一并作为员工激励。如公司年度经审计实际利润低于200万元时，本超额利润激励奖将不实施。

设定公司当年的超额利润为Y，单位为万元，具体分配如下：

区间	A	B	C	D	E	F
超额范围	200＜Y≤260	260＜Y≤320	320＜Y≤380	380＜Y≤440	440＜Y≤500	500＜Y
计算比例	10%	20%	30%	40%	50%	60%

例：若公司经审计实际净利润为500万元，利润激励基点为100万

元，超额利润激励部分为 400 万元，各区间对应计算如下：

区间	A	B	C	D	E	F
超额利润	60 万元	60 万元	60 万元	60 万元	60 万元	60 万元
计算比例	10%	20%	30%	40%	50%	60%
区间奖励金额	6 万元	12 万元	18 万元	24 万元	30 万元	36 万元

激励总额度 = 各区间计算的金额之和（6 + 12 + 18 + 24 + 30 + 36） = 126 万元。

若公司经审计实际净利润为 199 万元，低于利润激励基点，则超额利润奖励为零。

2. 实施方式

（1）实施原则：

公司层面根据各部门对公司的贡献设置对应的分配占比，最终计算各部门在当年超额利润总额中的部门获授占比。

各部门以岗位为基础，按照具体的分配方式计算各部门人员的具体分配。

（2）部门与个人的具体分配规则：

各部门按照以下比例进行部门之间的分配。

参与分配部门	分配比例
销售部	70%
运营部	20%
综合部	10%

各部门负责人按照该部门获授的分配金额的 40% 发放，剩余 60% 部分由部门的员工按照如上规则进行个人的奖励金额分配计算：

销售部：激励对象个人奖励分红 = 部门当年可分配利润 × 60% × 个人当年完成销售额对应的毛利 ÷ 部门完成总销售额的毛利

综合部和技术部：激励对象个人奖励分红 = 部门当年可分配利润 × 60% ÷ 部门当年符合标准激励总人数 × 个人当年考核完成率

（七）绩效考评

各激励对象的考核以公司的岗位《绩效考核表》为准，用于以上年终实际奖励的分配考核标准。若该激励对象出现退出机制中所列明的事项时即丧失在职分红激励。

（八）支付方式

（1）激励对象获得的当年奖励在第二年的窗口期内一次性支付奖励的70%，剩余部分的30%，在第二年的9月1日至9月30日内一次性支付。

（2）在公司按照本激励方案的规定向激励对象实际发放激励金额时，激励对象必须在岗在职；对于实际发放当时已经不在岗在职的人员，则无权再按照本激励方案的规定享受激励金额。

（3）本激励方案项下的激励在每年的窗口期内发放，公司在向激励对象发放激励金额时（以工资的形式发放），有权按照相关法律的规定代扣代缴相应的个人所得税。

（九）退出机制

在本激励方案有效期内，激励对象如发生以下事由（包括但不限于）之一，自情况经公司董事会核实之日起即丧失激励资格，无权再参与本激励方案项下的超额利润激励，并取消截至当年尚未发放的超额利润激励；情节严重的，公司依法追究其赔偿责任，并有权根据公司的规章制度给予其相应处罚（相应处罚包括但不限于停止参与公司一切激励计划、取消职位资格甚至解除劳动合同关系）；构成犯罪的，公司应将其移送司法机关追究刑事责任。

（1）因违背职业道德、失职渎职等行为损害公司利益或声誉而导致的降职、调岗等。

（2）因不能胜任工作岗位（职位）、自行离职、因工负伤丧失全部或部分劳动力及被动离职等与公司解除劳动合同关系。

（3）公司有足够的证据证明激励对象在公司任职期间，由于受贿索贿、贪污盗窃、泄露公司经营和技术秘密、损害公司声誉等行为，给公司造成损失。

（4）以任何形式（直接或间接）从事与公司及/或其下属公司或关联公司相同或相近的业务。

（5）死亡或宣告死亡。

（6）违反公司章程、公司管理制度、保密制度、与公司签署的保密及竞业限制协议等其他违规、违约行为。

（7）违反国家法律法规并被行政处罚、刑事处罚的其他行为。

（8）从事其他被公司董事会认定的不当行为。

（十）附则

本激励方案由公司股东会审议决定，并由公司董事会负责实施。

本激励方案2019年度为试运行，之后根据公司运行的情况，每年年初对本方案进行优化、修订、完善，以更符合公司的发展。

各拟定的激励对象有权自主选择是否接受本激励方案。如激励对象确认接受本激励方案，则需要签署《声明书》。

此方案仅供员工查阅，不得复印、拍照、传播，有不明白的地方，由公司综合部负责解释。

某信息公司

年　　月　　日

四、期股激励协议书

期股激励协议书

甲方：

法人代表：

经营地址：

乙方：

身份证号：

住址：

甲方聘任乙方担任________有限公司的________，主要负责公司整体的组织运营及管理，为公司的发展和业绩提升贡献自己的能力。为密切乙方与公司的利益关系，把乙方对公司的努力和贡献与乙方的收益更加紧密地联系起来，增强团队凝聚力，达到双方共同创业，合作共赢，长期稳定发展的目的，经双方友好协商，双方同意甲方以期股的方式对乙方进行股权激励。

依据有关法律规定，经双方协商，订立本《期股激励协议书》，以资双方共同遵循。

定义（仅限在本协议中的定义，不做扩大解释）

除非本协议条款或上下文另有所指，下列用语含义如下：

1. 股权：在有限责任公司中指股东认缴的出资额，股东以其出资额为限对外承担责任，股东所占公司股权的比例对应其相应认缴的出资数额。

________有限公司在工商部门登记的注册资本金，总额为人民币________万元。

2. 期股：指目前非上市公司普遍采用的一种股权激励方式，不做工商变更，享有分红权、增值权，但不享有投票权、表决权，授予时由公司与激励对象签署《期股激励协议书》，具有法律效力。

3. 分红：指甲方年终税后可分配的净利润。

4. 考核年薪：指公司与员工约定的，与公司业绩考核相挂钩的，可变动的按年结算的薪资。

第一条　期股激励的内容和方案

甲方出于对公司长期发展的考虑，为激励人才、留住人才，甲方授权乙方在符合本协议约定条件的情况下，有权以双方约定认同的实际价格认购甲方公司 10% 的股权。甲方承诺按照 60 万元/年的年薪聘任乙方为公司的总经理，其中 3 万元按月支付，余 24 万元作为考核年薪，用于购买甲方授于乙方的期股，具体方案要点如下：

1. 双方共同认定________有限公司当前的实际价值为 1000 万元，公司总股本设置为 1000 万股。

2. 甲方同意授予乙方的期股为 100 万股，对应公司股份比例的 10%，乙方在约定的期限内，可按照约定价壹元/股的方式进行期股的认购。

3. 乙方必须在约定的期限内出资认购获授的期股。

4. 乙方自与甲方所在公司签订聘任合同之日起，即进入期股认购等待期，等待期满半年后方可行权。

5. 乙方所获期股在进入行权期后可按照 20%：40%：40% 的比例进行行权。若三年行权期内乙方获授的期股未行权，则期股自动灭失。

6. 期股对应的分红在公司盈利的情况下须满足公司层面和个人层面考核均合格的情况下方可分红，考核方式以每年双方共同签署的《年度目标责任书》为准。

7. 期股全部行权结束后，根据乙方最终行权的数量，统一办理工商变更登记，行权期内不做工商变更，但不影响每年已行权比例股份的分红收益。

第二条　期股认购等待期

乙方对甲方上述期股的认购等待期共为半年。乙方与公司签署聘任合同之日起即进入认购等待期。在期股认购等待期内，本协议所指的公司 10% 的股权仍属甲方所有，乙方不具有股东资格，也不享有相应的股东权利，等待期满，经公司考核合格后，方可行权。

第三条　期股认购行权期

乙方持有的期股认购权，半年等待期满后即进入行权期。行权期限为三年。在行权期内乙方根据获授的期股权的比例享受每年对应的分红，但不具有股东资格，也不享有股东其他权利。行权期满后，根据乙方最终行权的比例，统一办理工商变更后，乙方则变为公司的实际股东，享有对应的股东的所有权利，并遵守《公司章程》等的相关规定。

第四条　期股行权期

乙方进入行权期应满足下列条件：

1. 等待期届满，且等待期间符合公司的考核指标，具体考核指标依据双方共同约定并签署的《2017 年下半年度目标责任》。

2. 在行权完毕之前，乙方应保证每年度考核均能合格，否则当期期股行权顺延 1 年。1 年后如仍未合格，则公司股东会有权取消其当期行权资格。

3. 乙方行权期为三年。

4. 乙方在行权之后，依照公司章程享有其所持股权的相关权利。

第五条　乙方的行权选择权

乙方所持有的期股认购权，在行权期间，可以选择行权，也可以选择放弃行权，甲方不得干预。

第六条　期股行权期的考核标准

1. 乙方被公司聘任为高级管理人员，应当保证公司经营管理状况良好，确保每年度公司财务状况应处于盈利状态。具体考核标准依据每年行权期当年年初双方共同约定并签署的《年度目标责任书》。

2. 甲方对乙方的考核每年进行一次，乙方如在等待期和行权期内每年均符合考核标准，即具备行权资格。具体考核办法、程序可由甲方公司根据实际情况进行制定。

3. 双方共同约定《年度目标责任书》当中约定的公司销售额及净利润的考核指标，由乙方于 2018 年 1 月 10 日前出具意见稿，甲方审核通过后，双方共同签字生效。

第七条　期股行权

1. 自乙方符合条件开始行权之日起，每一年的行权均应当满足在上一年考核合格的前提下执行；若考核不合格，则行权期顺延 1 年，1 年后如仍未合格则取消行权资格。

2. 第一年行权比例为 20%，行权资金由乙方当年对应考核完成所得考核年薪的资金进行期股认购，不足的部分则由期股对应的分红进行回偿，分红回偿结余的部分直接支付给乙方。

3. 第二年行权比例为 40%，行权资金由乙方当年对应考核完成所得考核年薪的资金进行期股认购，不足的部分则由期股对应的分红进行回偿，分红回偿结余的部分直接支付给乙方。

4. 第三年行权比例为 40%，行权资金由乙方当年对应考核完成所得考核年薪的资金进行期股认购，不足的部分则由期股对应的分红进行回偿，分红回偿结余的部分直接支付给乙方。

5. 乙方每一年行权可以选择部分行权，但是没有行权的部分将不被累计至下一年。

6. 分红方式：期股分红 =（公司当年净利润 × 股东可分配利润比例）× 所获授期股的比例。

7. 乙方行权价格为：每股股权（每份额股权）人民币【壹】元。

8. 乙方在行权期内不做工商变更，行权完毕后统一签订股权转让协议，统一办理工商变更登记，乙方成为公司的正式股东，依法享有相应的股东权利。

9. 乙方行权全部完成后，甲乙双方应当在三个月内申请办理工商变更登记手续。

10. 通过行权取得股权的分红及相关税费由股权对应双方各自承担。

第八条　乙方丧失行权资格的情形

在本协议约定等待期及行权期间若乙方因个人原因出现下列情形之一的，未行权部分的期股则丧失行权资格，期股自动灭失，已行权部分的期股由甲方无条件按原购买价格收回，并由乙方赔偿因此带来的损失。

1. 徇私舞弊：

（1）自行填写、虚开报销发票与消费清单，做假凭证和假账等行为。

（2）挪用公司公款的行为。

（3）利用职务之便收受贿赂、侵占公司财产，以权谋私或以不正当手段谋取私利的行为。

（4）利用职务之便打击、报复他人的行为。

2. 玩忽职守：

（1）因工作不作为或职责履行不到位，造成严重后果的行为。

（2）因参与公司无关业务的投资、运营，造成严重后果的行为。

（3）因违反工作纪律，造成严重后果的行为。

（4）因违反安全规程或操作规程，造成严重后果的行为。

（5）因乙方个人原因造成重大安全责任事故发生（含直接经济损失、质量事故、人身伤亡）的行为。

3. 泄露机密：

将公司的关键技术、设备、工艺、图纸的相关数据和材料，以及未公布和实施的战略计划、营销策略和客户档案等商业机密泄露，尤其是泄露给竞争对手的行为。

4. 恶意诽谤：

恶意诽谤公司或利用公司名义招摇撞骗，损害公司形象的行为。

5. 盗窃损毁：

（1）盗窃公司和私人财务的行为。

（2）故意损毁公司财务的行为。

6. 违法犯罪：

（1）违反国家法律法规，受到国家处罚的行为。

（2）违反国家各项政策的行为。

7. **威胁要挟：**

利用所掌握的公司秘密，威胁要挟公司的行为。

第 9 条　退出机制

1. 若乙方因以下原因离职，行权期内已行权部分期股或行权期后乙方持有的股权均由甲方以原始行权的价格收回，未行权的期股将自动灭失。

（1）乙方未经公司同意而擅自离职。

（2）公司有足够证据证明激励对象损害公司利益被停职或开除（如严重渎职、被刑法处罚、索贿、受贿、贪污、盗窃、侵占公司财产、泄露公司经营和技术秘密、损害公司声誉或利益等）。

（3）没有达到公司的考核指标，双方协商离职。

2. 若乙方因以下原因离职，三年内其所持有的股权由甲方以原始行权价格收回全部股权。三年后则由甲方以公司上一个月财务报表中的每股净资产状况为准收回全部股权。甲方收回股权时，乙方必须配合甲方完成工商变更的必要手续。

（1）行权期结束后，乙方与公司友好协商而离职。

（2）乙方由于劳动合同期满，因乙方上一任期未达经营目标或公司经营不善，双方有任一方提出不再签约时而离职。

（3）乙方因执行公务死亡。

（4）乙方因达到国家和公司规定的退休年龄退休而离职的。

3. 过错性退出：若乙方在任职期间因严重违反法律、法规或公司章程，泄露公司商业秘密等保密信息，未履行或拒绝履行股东权利义务，而给公司造成重大经济损失及声誉损害，则无条件退出公司，并由甲方实际控制人按照乙方行权时实际支付的价格回购乙方持有的股份，并由乙方赔偿损失；乙方有义务协助甲方办理股权转让的工商变更登记。

4. 退休：若乙方在公司任职满 10 年，因年龄或身体原因需要退出公司的经营管理，其所持有的股权按比例保留在公司，并接受公司因融资或增资带来的股份稀释。同时将其所持有股权对应的表决权委托给甲方实际控制人。

第十条　乙方转让股权的限制性规定

除本协议另有约定外，乙方通过行权取得的股权原则上三年内不得转让。

乙方通过行权取得的股权三年后的股权转让应当遵守以下约定：

1. 乙方转让其股权时，由甲方实际控制人优先购买股权，即甲方实际控制人拥有优先于公司其他股东及任何外部人员的权利，转让价格按照以下方式约定：

（1）在乙方受让甲方实际控制人股权后，三年内（含三年）转让该股权的，股权转让价格按照乙方行权时实际支付的价格。

（2）在乙方受让甲方实际控制人股权后，三年以上转让该股权的，每1%股权转让价格依公司上一个月财务报表中的每股净资产状况为准。

2. 若甲方的实际控制人放弃优先购买权的，公司其他股东有权按前述价格购买，其他股东亦不愿意购买的，乙方有权向股东以外的人转让，转让价格由乙方与受让人自行协商，甲方实际控制人及其他股东均不得干涉。

3. 甲方实际控制人及其他股东接到乙方的股权转让事项书面通知之日起满三十日未答复的，视为放弃优先购买权。

4. 乙方不得以任何方式将公司股权用于设定抵押、质押、担保、交换、还债。乙方股权如被人民法院依法强制执行的，参照《公司法》第七十三条规定执行。

5. 如发生以上股权转让，乙方必须无条件配合甲方完成转让的全部手续和法律文件，否则应当承担违约责任并向甲方按照转让股权的市场价值支付赔偿金。

第十一条　双方的权利和义务

1. 甲方的权利和义务：

（1）甲方对于授予乙方的期股将恪守承诺，除非乙方有本协议所涉及的特殊情形，否则甲方不得中途取消或减少乙方的期股数额，也不得中途中止或终止与乙方的协议。

（2）在乙方违反本协议所约定的限制条款时，甲方享有按协议约定的方式对乙方所持期股进行处理的权利。

（3）甲方有按照本协议所规定的程序按时足额发放期股红利的义务。

2. 乙方的权利和义务：

（1）乙方有按时足额缴纳购股资金的义务。

（2）乙方应恪尽职守，以确保公司绩效考核办法所列考核指标（指标参见《年度目标责任书》）的达成。

（3）乙方不得对所持有期股进行私自转让，也不得用于抵押或偿还债务。

（4）乙方不承担因甲方在投资或决策失误造成的损失及责任。

第十二条　合同解除

等待期内发生下列情形，甲方可以无条件单方解除本协议：

1. 乙方与公司的劳动合同发生解除或终止的情况。

2. 乙方违反法律法规或严重违反公司规章制度。

3. 乙方未在等待期满前一个月提出第一次行权申请。

4. 行权期内乙方发生违规行为导致违法犯罪、严重违反公司规章制度或严重违反本合同的约定，甲方可以无条件单方解除本协议。

第十三条　关于聘用关系的声明

甲方与乙方签署本协议不构成甲方或公司对乙方聘用期限和聘用关系的任何承诺，公司对乙方的聘用关系仍按劳动合同的有关约定执行。

第十四条　关于免责的声明

1. 甲、乙双方签订本期股激励协议是依照合同签订时的国家现行政策、法律法规制定的。如果本协议履行过程中遇法律、政策等的变化致使甲方无法履行本协议的，甲方不负任何法律责任。

2. 本协议约定的行权期到来之前或者乙方尚未实际行使期股认购权，公司因破产、解散、注销、吊销营业执照等原因丧失民事主体资格或者不能继续营业的，本协议可不再履行。

3. 公司因并购、重组、改制、分立、合并、注册资本增减等原因致使甲方丧失公司实际控制人地位的，本协议可不再履行。

第十五条　争议的解决

本合同在履行过程中如果发生任何纠纷，甲乙双方应友好协商解决，协商不成，任何一方均可向甲方所在地的人民法院提起诉讼。

第十六条　附则

1. 本协议自双方签章之日起生效。

2. 本协议未尽事宜由双方另行签订补充协议，补充协议与本协议具有同等效力。

3. 本协议内容如与《________有限公司章程》发生冲突，以本协议内容为准。

4. 本协议一式二份，甲乙双方各执一份，二份具有同等效力。

（以下无正文）

甲方：（签名盖章）　　　　　　　　乙方：（签名印章）

法人代表：（签字）

联系电话：　　　　　　　　　　　　联系电话：

年　　月　　日　　　　　　　　　　年　　月　　日

老板·创业			
一、经理人			
书名	内容	书名	内容
老总有想法，高层有干法 王清华　著	企业将、帅之间的定位问题、角色问题、方法问题、思维问题、管理问题等	**历史深处的管理智慧1：组织建设与用人之道** 刘文瑞　著	通过历史鉴照当今企业选人用人、二代接班人、创业团队管理等问题
历史深处的管理智慧2：战略决策与经营运作 刘文瑞　著	通过历史鉴照当今企业决策、战略规划、战略冒进、决策监督等问题	**历史深处的管理智慧3：领导修炼与文化素养** 刘文瑞　著	通过历史鉴照当今企业的领导修养、用权、管理风格等问题
老板经理人双赢之道 陈　明　著	经理人怎养选平台、怎么开局，老板怎样选/育/用/留		
二、用人			
用好骨干员工 王　敏　著	系统化分享关键人才打造与激励方法	**领导这样点燃你的下属** 孟广桥　著	领导者如何才能让员工积极主动地工作
让用人回归简单 宋新宇　著	帮助管理者抓住用人的要害，让用人变得简单		
三、转型·创业			
创业要过哪些坎 董　坤　著	15年创业咨询经验总结的创业遇到的问题及办法	**高潜牛人** 董　坤　著	创业和事业发展中如何找到牛人
成为下一个SaaS独角兽 崔牛会　主编	19位SaaS领专家，7个不同的视角总结SaaS行业实践	**创模式：23个行业创新案例** 段传敏　著	CEO社群23位企业家的思考与实践分享。
重生——中国企业的战略转型 施　炜　著	本书对中国企业战略转型的方向、路径及策略性举措提出了建议和意见。	**7个转变，让公司3年胜出** 李　蓓　著	企业估值、业务模式、营销、生产制造、客户服务、用户黏性到组织管理7个转变
企业二次创业成功路线图 夏惊鸣　著	五步骤给出了一幅企业二次创业经营突破、管理提升的成功路线图	**跟老板"偷师"学创业** 吴江萍　余晓雷　著	如何通过"偷师"学习与积累当老板的阅历
公司由小到大要过哪些坎 卢　强　著	企业成长路线图，现在我在哪，未来还要走哪些路，都清楚了	**跳出同质思维，从跟随到领先** 郭　剑　著	66个精彩案例剖析，帮助老板突破行业长期思维惯性
企业经营			
经营打造你的盈利系统 高可为　著	选择最有效的经营策略，打造属于自己的商业模式	**中国企业的觉醒** 王　涛　著	企业告别自私、野蛮，转向善良、爱，才会赢得消费者
成为敏感而体贴的公司 王　涛　著	未来有竞争力的企业，一定是那些敏感而体贴的公司！	**有意识的思考** 王　涛　著	对头脑中固有观念保持觉察，从而超越它们的局限
简单思考 孔祥云　著	著名咨询公司（AMT）CEO创业历程中的经验与思考	**写给企业家的公司与家庭财务规划** 周荣辉　著	以企业的发展周期为主线，写各阶段企业与企业主家庭的财务规划

续表

书名	内容	书名	内容
从10亿到100亿的企业顶层设计 刘建兆　著	重新定义企业成长方式，有效益、有效率、有效能、有效果、有品质的良性成长。	活系统：跟任正非学当老板 孙行健　尹　贤　著	造活系统，使系统活，靠系统活，活得系统。
宗：一位制造业企业家的思考 刘建兆　著	发展20年营业额近亿元制造业企业家的思考与心得	使命：驱动企业成长 高可为　著	用大企业发展轨迹及企业家的心路历程，揭示企业成长的基因，做事的逻辑
让经营回归简单 宋新宇　著	战略、客户、产品、员工、成长、经营者的经营法则	边干边学做老板 黄中强　著	86个案例讲述中小公司成长过程遇到的问题和方法
盈利原本就这么简单 高可为　著	跨越业务与财务边界，为企业提高盈利水平提供方法。		
综合管理			
一、企业管理			
让管理回归简单 宋新宇　著	从目标、组织、决策、授权、人才、老板自己等提供方案	管理的尺度 刘文瑞　著	西医式的体检化验，又要施加中医式的望闻问切
管理：以规则驾驭人性 王春强　著	人性驾驭角度权度运筹安排的可兑现性，管理有效性	看电影，学管理 刘文瑞　著	十六部电影的解读，揭示电影内含的管理之道
好管理　靠修行 曾　伟　著	从佛法、道法思想中寻找管理智慧	公司大了，怎么管 金国华　著	成长型企业发展中的共性问题，通过案例实录解开
低效会议怎么改 王玉荣　葛新红　著	从梳理公司会议体系的层面改变低效会议的现状	年初订计划年尾有结果 郭　晓　著	总结七步落地方案让战略计划切实落地实现
分股合心 段　磊　周　剑　著	围绕股权激励，详细介绍相关知识和实行方法	员工心理学超级漫画版 邢　磊　著	漫画形式对组织中个体心理的全面介绍和深入探讨
让投诉客户满意离开 孟广桥　著	投诉法律法规，应对各种投诉技巧等提升客诉能力		
二、管理思想			
管理学的奠基者 刘文瑞　著	近代以来的管理思想发展揭示管理思想的演化奥秘	巴纳德组织理论研读 郭　威　著	深度研读巴纳德《经理人员的职能》，帮你理解和看懂
管理学在中国 刘文瑞　著	科学看待管理学流入中国，对继承发展进行深入阐述	德鲁克管理学 张远凤　著	以德鲁克管理思想发展为线展示20世纪管理学发展
德鲁克与他的论敌们 罗　珉　著	德鲁克与马斯洛、戴明等诸多管理大师论战的故事	德鲁克管理思想解读 罗　珉　著	作为德鲁克学生全面解构其思想的精髓与实践价值
治论：中国古代管理思想 张再林　著	深入分析中国古代哲学基本精神的基础上，梳理分析了儒法墨三家的管理思想		

续表

营销·销售			
一、企业销售			
书名	内容	书名	内容
大客户销售这样说这样做 陆和平　著	大客户销售活动的十大模块，68个典型销售场景	**向高层销售** 贺兵一　著	销售人员与客户高层打交道需要重点掌握的知识、技巧
资深大客户经理 叶敦明　著	将大客户经理必须具备的规划、策略、执行三种能力连通自如	**成为资深的销售经理** 陆和平　著	让销售经理成功把握销售管理6个关键点，并提供工具
销售是个专业活 陆和平　著	据客户采购流程拆分销售过程10阶段，讲解方法技巧	**学话术　卖产品** 张小虎　著	手机、电动车、家电、食品等消费品的一线销售话术
二、企业营销			
新营销组织力 迪智成　著	适应最新数字化外部环境，系统化协同组织能力建设	**营销按钮** 老　苗　著	讲述存在于人性以及各个营销环节中的“按钮”
精品营销战略 杜建君　著	“精品营销战略”核心逻辑与营销组合策略	**360°谈营销** 王清华　古怀亮　著	营销是立体的，从不同角度观察不同企业的营销精髓
互联网精准营销 蒋　军　著	互联网时代整3体策划、包装品牌和产品	**招招见销量的营销常识** 刘文新　著	做好基本的营销动作都可以提高销量、减低成本
用数字解放营销人 黄润霖　著	用数字说话覆盖营销工作的方方面面	**用营销计划锁定胜局** 黄润霖　著	让营销计划落地，营销人员只需解决两个问题：基数与概率
我们的营销真案例 联纵智达研究院　著	五芳斋粽子、诺贝尔瓷砖、利豪家具、保健品、娃哈哈	**中国营销战实录** 联纵智达研究院　著	51个案例，46家企业，46万字，18年积淀
弱势品牌如何做营销 李政权　著	产品与物流通道、服务通道、促销互动通路提供方法	**解决方案营销实战案例** 刘祖轲　著	十大工业品作者实操案例解码解决方案营销
升级你的营销组织 程绍珊　吴越舟　著	根据企业实际情况建立有机性营销组织	**变局下的营销模式升级** 程绍珊　叶　宁　著	十年大量案例归纳三种核心驱动要素，三种升级方向
老板如何管营销 史贤龙　著	以十六个招式，理论与案例相结合，高段位营销方法	**孙子兵法营销战** 刘文新　著	理解《孙子兵法》原意的同时，还可体悟到营销之用
三、品牌			
中国品牌营销十三战法 朱玉童　著	深度演绎最符合企业品牌营销策划的十三套实战战法	**中小企业如何打造区域强势品牌** 吴　之　著	如何建立强势品牌的角度解析扩张难题
四、营销策划			
这样写文案，就没有卖不动的产品 秦　剑　刘安丽　著	术、法、道三个层面由浅至深培养商业文案创作能力	**洞察人性的营销战术** 沈　坤　著	介绍了28个匪夷所思的营销怪招，大部分甚至可以直接运用

续表

书名	内容	书名	内容
双剑破局：沈坤营销策划案例集 沈　坤　著	双剑公司8年来的实操案例，每个项目诞生过程、策划角度和方法		
企业案例			
鲁花：一粒花生撬动的粮油帝国 余　盛　著	鲁花如何成长为优秀的带动农业产业发展的品牌，鲁花你一定学得会	**金龙鱼背后的粮油帝国** 余　盛　著	以金龙鱼为脉的一部中国粮油行业的史诗
你不知道的加多宝 曲宗恺　牛玮娜　著	以时间为轴线，详细叙述了加多宝品牌的发展历程	**静水流深** 黄治国　著	作者在美的十五年对何享健近内部讲话资料的整理
娃哈哈区域标杆 罗宏文　快车君 赵晓萌　寇尚伟	讲娃哈哈豫北市场如何成为娃哈哈全国第一大市场、全国增量第一的市场	**借力咨询：德邦成长背后的秘密** 官同良　王祥伍　著	德邦将自己积累的与咨询公司发展共赢的合作逻辑和盘托出
六个核桃凭什么从0过100亿 张学军　著	全视角深度解读养元企业的裂变成长，复盘十年蜕变轨迹	**像六个核桃一样** 王　超　著	六个核桃为什么卖得这么好，产品畅销的6大要义36条简明法则
中国首家未来超市 IBMG集团　著	对乐城超市的掌门人及内部员工的采访详细阐释了乐城的经验	**三四线城市超市如何快速成长：解密甘雨亭** IBMG集团　著	甘雨亭的许多关键经营指标均高于行业标准，学习其成功的方法
集团化企业阿米巴实战案例 初勇钢　著	作者在某酒厂推行阿米巴经营模式的心得		
经销商			
新经销：新零售时代教你做大商 黄润霖　著	探访近100位经销商在传统营销手法上的创新，传统营销微创新和新营销本地化	**商用车经销商运营实战** 杜建君　王朝阳 章晓青　著	对商用车经销商的经营与管理、4S店运营做了全方面的系统总结
跟行业老手学经销商开发与管理 黄润霖　著	从管理耐用消费品经销商角度提炼了48个代表性问题并给出解决办法	**快消品经销商如何快速做大** 黄润霖　著	经销商如何通过经营实现规模，通过管理实现规模效益
建材家居经销商实战42章经 王庆云　著	经营管理的心法和战法，帮助经销商成为“业务妙手”和“管理能手”	**成为最赚钱的家具建材经销商** 李治江　著	针对建材家居行业的经销商，从销售模式、产品、门店、市场等方面给出方法
白酒经销商的第一本书 唐江华　著	经销商如何选择厂家、合作、运营品牌等问题给建议	**快消品招商的第一本书** 刘　雷　著	从招商理论到招商动作进行系列化分解，化繁为简
中小企业			
中小企业如何打造区域强势品牌 吴　之　著	如何建立强势品牌的角度解析扩张难题	**用流程解放管理者** 张国祥　著	8个板块构成，共66篇文章，14幅流程管理图
用流程解放管理者2 张国祥　著	对中小企业规范化流程管理进行系统的阐述	**弱势品牌如何做营销** 李政权　著	产品与物流通道、服务通道、促销互动通路提供方法

续表

书名	内容	书名	内容
本土化人力资源管理8大思维 周　剑　著	用最贴近中国中小企业现实管理情境的案例去讲述周围人的“家事”	**中小农业企业品牌战法** 韩　旭　著	农业企业需要全产业链视野，更需要品牌实战方法
门店销售冠军复制系统 王吉坤　著	门店型企业如何打造可复制的销售冠军系统，凡是门店型企业都可以使用	**新零售动作分解与实操：建材·家居·家具** 盛斌子　著	对泛家居行业趋势、店面管理、团队管理、促销推广、五感营销等提供策略
家具建材促销与引流 薛　亮　李永锋　著	对泛家居营销执行模式和工具、关键环节等进行汇总	**建材家居门店6力爆破** 贾同领　著	产品力、导购力、形象力、推广力、服务力、组织力
家具行业操盘手 王献永　著	总结家具终端门店发展的现状及问题并给出策略	**手把手教你做专业督导** 熊亚柱　著	系统梳理督导的核心技能，岗位职责、工作流程及技能
手把手帮建材家居导购业绩倍增 熊亚柱　著	针对建材家居门店的业务人员，案例故事还原场景教你成为好导购	**10步成为最棒的建材家居门店店长** 徐伟泽　著	梳理店长管理的核心工作职责，店面管理规范和帮助销售人员成长
建材家居门店销量提升 贾同领　著	9个板块讲述建材门店一个单店如何做到经营的良性循环	**总部有多强大，门店就能走多远** IBMG集团　著	五大方向综合阐述连锁零售企业总部如何提升管理能力
赚不赚钱靠店长，从懂管理到会经营 孙彩军　著	注重专卖店的经营思路拓展，门店管理细节方面能力提升	**新医改了，药店就要这样开** 尚　锋　著	从药店定位的思考，内部和会员管理等几个方面探讨中小型药店发展方向
门店管理			
电商来了，实体药店如何突围 尚　锋　著	新时代药店经营三驾马车：药学专业服务、会员贴心服务和精准定向促销	**引爆药店成交率1：店员导购实战** 范月明　著	药店人的零售工作怎样接待顾客，完善销售技巧
引爆药店成交率2：药店经营实战 范月明　著	从药店经营角度如何建立改善门店现状的实用标准	**引爆药店成交率：专业化销售解决方案** 范月明　著	从简单的拿药服务到提供多角度的专业解决方案
互联网			
一、互联网转型			
画出公司的互联网进化路线图 李　蓓　著	18个“可以……吗”的问题作为你产品、客户和价值方面的指引牌	**7个转变，让公司3年胜出** 李　蓓　著	企业估值、业务模式、营销、生产制造、客户服务、用户黏性到组织管理7个转变
重生战略移动互联网和大数据时代的转型法则 沈　拓　著	四个重生战略对应四个法则告知传统企业的转型重生之路	**创造增量市场：传统企业互联网转型之道** 刘红明　著	为读者提供了寻找这些互联网的切入点和接触点的具体方法，带来增量市场
互联网+变与不变 本土管理实践与创新论坛　著	61篇精华文章，聚焦传统行业如何互联网+时代转型	**今后这样做品牌** 蒋　军　著	顶层设计、营销创新、产品战略、渠道变革、品牌策略
移动互联新玩法 史贤龙　著	立足现实，剖析新时代背景下的移动互联趋势与热点	**互联网时代的成本观** 程　翔　著	多维组合成本的互联网精神和大数据特征及应用

续表

书名	内容	书名	内容
正在发生的转型升级实践 本土管理实践与创新论坛　著	100多位本土管理专家当年对最新一年的思考和实践	**1000铁杆女粉丝** 张兵武　著	如何让普通女性成为忠实追随的铁杆粉丝，磁力点、情感结、甜蜜区、信任圈
混沌与秩序Ⅰ：变革时代企业领先之道 彭剑锋　施　炜 苗兆光　王祥伍 孙　波　夏惊鸣	新环境下企业面临变革应如何应对，作为企业家又应当如何坚守并与企业共同成长提出了深度思考	**混沌与秩序Ⅱ：变革时代管理新思维** 彭剑锋　施　炜 苗兆光　王祥伍 孙　波　夏惊鸣	对处于时代变革下的企业管理新机制、人力资源管理新思维，组织与人的新型关系，结合案例提出优化建议
消费升级：实践·研究 本土管理实践与创新论坛　著	从经营、管理、行业三个方面记录消费升级下的实践	**互联网精准营销** 蒋　军　著	互联网时代整体策划、包装品牌和产品
二、抖音、微信微商、电商			
抖音营销系统 刘大贺　著	抖音系统的实战营销知识，上百个从0做大的案例	**金牌微商团队长** 罗晓慧　著	微商团队长创业实操的指导工具书
微商生意经：真实再现33个成功案例操作全程 伏泓霖　罗晓慧　著	精心挑选的33个微商成功案例，阐述具体操作过程	**快速见效的企业微信营销方法** 孙　巍　著	站在微信生态的立体高度系统讲述企业微信快营销方法论
阿里巴巴实战运营：14招玩转诚信通 聂志新　著	产品定位、阿里巴巴排名因素、数据分析，标题优化等如何做好阿里巴巴	**阿里巴巴实战运营2：诚信通热卖技巧** 聂志新　著	打开诚信通运营的金钥匙，10大具体运营技巧
三、行业新营销			
餐饮新营销 杨　勇　程绍珊　著	聚焦餐饮企业转型，系统的餐饮企业营销管理体系	**新零售进化路径** 李政权　著	预先复盘新零售及商业的未来，找到方向
珠宝黄金新营销 崔德乾　著	珠宝业新营销/新品牌/新产品/新零售/新连接/新场景/新服务/新传播/新管理	**新经销：新零售时代教你做大商** 黄润霖　著	探访近100位经销商在传统营销手法上的创新，传统营销微创新和新营销本地化
新零售动作分解与实操：建材·家居·家具 盛斌子　著	对泛家居行业趋势、店面管理、团队管理、促销推广、五感营销等提供策略	**新营销** 刘春雄　著	让品牌商和渠道商掌握获得独立流量的能力，能够与平台商博弈
快速见效的企业网络营销方法　B2B　大宗B2C 张　进　著	数据和案例90%来自作者服务的中小企业，快速全面地学习企业网络营销方法	**移动互联下的超市升级** 联商网专栏　著	超市未来的发展趋势，对社区超市、生鲜、全渠道建设、O2O等提出观点
百货零售全渠道营销策略 陈继展　著	零售行业的竞争重点、行业本质，战略转型、未来趋势、经验和案例	**互联网时代的银行转型** 韩友斌　著	银行业在互联网金融变革浪潮中所做的积极应对和转型布局
触发需求：互联网新营销样本·水产 何足奇　著	通过鲜誉案例解读阐述水产行业如何进行互联网转型	**新农资如何弯道超车** 刘祖轲　著	从农业产业化、互联网转型、行业营销与经营突破四个方面阐述农资企业转型

续表

书名	内容	书名	内容
新零售　新终端 迪智成　著	将新零售系统打法做梳理并落地在新终端建设上		
医药医疗			
一、药店			
新医改了，药店就要这样开 尚　锋　著	从药店定位的思考，内部和会员管理等几个方面探讨中小型药店发展方向	电商来了，实体药店如何突围 尚　锋　著	新时代药店经营三驾马车：药学专业服务、会员贴心服务和精准定向促销
引爆药店成交率1：店员导购实战 范月明　著	药店人的零售工作怎样接待顾客，完善销售技巧	引爆药店成交率2：药店经营实战 范月明　著	从药店经营角度如何建立改善门店现状的实用标准
引爆药店成交率：专业化销售解决方案 范月明　著	从简单的拿药服务到提供多角度的专业解决方案		
二、药品销售			
医药第三终端：从控销到动销　诊所　基层医疗 王祥君　张芳文　著	用大量案例来梳理药企落地动销的策略、方法和技战术	医药营销：诊所开发维护与动销 张江民　著	从六个方面系统阐述基层诊所市场营销攻略
处方药合规推广实战宝典 赵佳震　著	对处方药推广体系搭建、推广人员岗位内容等六个方面进行阐述	医药代理商经营全指导 戴文杰　著	从产品选择、价格体系设计、路径管理等维度描述代理商产品操作的基本策略
处方药零售这样做 田　军　著	处方药零售的重要性及做市场的具体措施和方法	OTC医药代表药店开发与维护 鄢圣安　著	一位从初级OTC医药销售代表成长起来的销售经理的经验分享
OTC医药代表药店销售36计 鄢圣安　著	以《三十六计》为线，写OTC医药代表向药店销售的一些技巧与策略		
三、药企转型			
药企战略·运营与医药产业重构 杜　臣　著	对医药产业的深度认知与发展趋势结合，战略思考与经营操作相统一	医药行业大洗牌与药企创新 林延君　沈　斌　著	围绕着创新介绍医药行业，介绍近百家医药企业创新实践案例
医药新营销 史立臣　著	从药企最关心的八个方面阐述制药企业、医药商业企业营销模式转型	医药企业转型升级战略 史立臣　著	商业模式转型、管理转型、定位转型、运营模式转型和跨界转型五方面阐述转型
新医改下的医药营销与团队管理 史立臣　著	立足新医改相关政策的解读，为中小医药企业出谋划策	在中国，医药营销这样做 段继东　著	时代方略在医药营销领域思想、方法文章的精选合集
四、新医疗			
成为医疗器械领军者 王　强　著	中小型医疗器械生产企业和代理商怎样转型	新型诊所经营与创新 动脉网　著	对新型诊所从标准化管理、经营方式、团队建设、连锁模式四个方面进行解读

续表

书名	内容	书名	内容
医美新风口：颜值经济下的亿万市场 动脉网　著	详细介绍中国医疗美容行业的发展趋势，现状以及医美产业链等	互联网医院：正在发生的医疗新变革 动脉网　著	介绍互联网医院的建设与运营、管理，发展模式和市场布局，以及发展规律
快消品			
一、快消案例			
中国快消品营销这些年 史贤龙　著	一本书浓缩快消品营销15年的实战历程与前沿思考	这样打造大单品 迪智成　著	通过13个大案例帮助企业梳理打造大单品的路径
你不知道的加多宝 曲宗恺　牛玮娜　著	以时间为轴线，详细叙述了加多宝品牌的发展历程	娃哈哈区域标杆 罗宏文　快车君 赵晓萌　寇尚伟	讲娃哈哈豫北市场如何成为娃哈哈全国第一大市场、全国增量第一的市场
六个核桃凭什么从0过100亿 张学军　著	全视角深度解读养元企业的裂变成长，复盘十年蜕变轨迹	像六个核桃一样 王　超　著	六个核桃为什么卖得这么好，产品畅销的6大要义36条简明法则
5小时读懂快消品营销 陈海超　著	20年快速消品市场风云洞察解码，丰富的案例解析		
二、快消品区域经理			
快消品营销团队管理 刘　雷　伯建新　著	快消品团队管理相关的20余个工具＋20余个案例	这样打造快消品区域标杆 罗宏文　牛玉龙　著	分为两篇解决如何成功打造标杆市场和进行持续增量管理两大问题
成为优秀的快消品区域经理（升级版） 伯建新　著	作为区域经理的“速成催化器”，升级版增加11篇内容	快消老手都在这样做：区域经理操盘锦囊 方　刚　著	一线成长起来的资深快消品营销人“压箱底”绝活亲囊而授
快消品营销人的第一本书 刘雷　伯建新　著	针对一线厂家业务员工作中常遇到的问题给予建议	销售轨迹：一位快消品营销总监的拼搏之路 秦国伟　著	一个普通营销人的故事，16年背井离乡的职场拼搏之路
快消品营销：一位销售经理的工作心得2 蒋　军　著	从市场操作、团队管理、传播推广、营销的具体策略和战略等方面提供方法		
三、快消品动销			
动销：产品是如何畅销起来的 余晓雷　著	怎么被消费者买走和竞争对手是谁这两个原点解决动销问题	动销操盘：节奏掌控与社群时代新战法 朱志明　著	用七个章节阐述关于动销操盘的要诀，节点、节奏、主次、条件匹配性等问题
动销四维：全程辅导与新品上市 高继中　著	从产品、渠道、促销和新品上市四个方面详细讲解提高动销的具体方法		
四、快消品渠道			
深度分销 施　炜　著	流道价值链、模式选择、渠道策略与管理、零售经销商管理、最佳实践、团队建设	通路精耕操作全解周俊 陈小龙　著	对康师傅制胜法宝通路精耕进行系统介绍与说明，图表和完善入微的操作方法

续表

书名	内容	书名	内容
酒水饮料快消品餐饮渠道营销手册 朱伟杰　著	对餐饮渠道深入挖掘，建立适合餐饮渠道发展的服务模式和组织保障措施	快消品经销商如何快速做大 杨永华　著	经销商如何通过经营实现规模，通过管理实现规模效益
快消品营销与渠道管理 谭长春　著	解决日常涉及的渠道管理、市场、产品等营销事务	快消品招商的第一本书 刘　雷　著	从招商理论到招商动作进行系列化分解，化繁为简
采纳方法：化解渠道冲突 朱玉童　著	21个最新的渠道冲突案例立体地介绍渠道冲突的现象和方法		
五、快消品企业战略			
重构：快消品企业重生之道 杨永华　著	从战略，品牌，市场，产品，营销，系统，管理7个方面进行重构	变局下的快消品实战策略 杨永华　著	从5个角度针对快消品企业如何应对行业变局给出答案
新营销 刘春雄　著	让品牌商和渠道商掌握获得独立流量的能力，能够与平台商博弈	采纳方法：破解本土营销8大难题 朱玉童　著	破解困扰营销人的八大难题变给出解决方法
白酒营销培训宝典：复制高业绩 刘孝鞅　著	总结白酒营销人员系统运作市场的要点，转化为易学可复制的动作和工具表单	酒水饮料快消品餐饮渠道营销手册 朱伟杰　著	对餐饮渠道深入挖掘，建立适合餐饮渠道发展的服务模式和组织保障措施
白酒营销的第一本书 唐江华　著	多角度阐释白酒一线市场操作的最新模式和方法	白酒经销商的第一本书 唐江华　著	经销商如何选择厂家、合作、运营品牌等问题给建议
白酒到底如何卖 赵海永　著	多角度地阐释了白酒一线市场操作的最新模式和方法	白酒到底如何卖2：从市场培育到动销 赵海永　著	系统化、标准化、模式化的促成动销的实战操作方式和方法
变局下的白酒企业重构 杨永华　著	白酒企业重构期的营销战略与实操策略6大方法	酒业转型大时代 微　酒　著	酒水营销、新闻资讯及行业分析、预测的知识宝典
区域型白酒企业营销必胜法则 朱志明　著	以36条法则从战略、营销、推广、产品线、品牌、市场、战术、等方面提供方法	10步成功运作白酒区域市场 朱志明　著	从市场攻守、产品攻略、新品上市、占领渠道、促销等十个层面阐述
茶·调味品·油·乳业			
营销中国茶：2小时读懂茶叶营销 史贤龙　著	中国茶营销的“困局”“破局”和“创举”	中国茶叶营销第一书 柏　龑　著	纵览中国茶叶市场的全局，并且有针对性地提出问题并阐述解决方法
调味品营销第一书 陈小龙　著	15年监控中国市场50个中外著名调味品品牌市场运作、管理等得到的经验总结	调味品企业八大必胜法则 张　戟　著	提炼了调味品企业八大规律性的关键成功要素
食用油营销的第一本书 余　盛　著	从小包装油行业概述到产品的基本知识，从基本执行动作到品牌整体策划等	鲁花：一粒花生撬动的粮油帝国 余　盛　著	鲁花如何成长为优秀的带动农业产业发展的品牌，鲁花你一定学得会

续表

书名	内容	书名	内容
金龙鱼背后的粮油帝国 余　盛　著	以金龙鱼为脉的一部中国粮油行业的史诗	乳业营销的第一本书 侯军伟　著	区域型乳品企业如何才能够稳健的发展
工业品			
一、工业品销售			
大客户销售这样说这样做 陆和平　著	大客户销售活动的十大模块，68个典型销售场景	销售是个专业活　B2B 陆和平　著	据客户采购流程拆分销售过程10阶段，讲解方法技巧
成为资深的销售经理：B2B　工业品 陆和平　著	让销售经理成功把握销售管理6个关键点，并提供工具	一切为了订单：订单驱动下的工业品营销实践 唐道明　著	以订单流程的三个环节为主线讲述工业品营销管理新思路
二、工业品营销			
工业品营销管理实务(第4版) 李洪道　著	是信任导向工业品营销体系的深化版、工业品营销管理体系优化咨询升级版	工业品企业如何做品牌 张东利　著	为当下中国制造的品牌化转型提供经过实践证明的理念、方法和体系
工业品市场部实战全指导 杜　忠　著	解决职能不清、市场部五大职能如何运作、职业发展路径等具体问题	解决方案营销实战案例 刘祖轲　著	十大工业品作者实操案例解码解决方案营销
资深大客户经理：策略准　执行狠 叶敦明　著	将大客户经理必须具备的规划、策略、执行三种能力连通自如		
三、工业品企业			
变局下的工业品企业7大机遇 叶敦明　著	探索工业品企业成长的新机会，7大战略与战术性机会	两化融合管理体系贯标流程与方法 戴　勇　著	融合五十多家企业在两化融合贯标过程的经验，总结重点与举措
丁兴良讲工业4.0 丁兴良　著	多角度阐述中国在工业4.0的机遇和挑战		
建材家居			
一、建材家居门店			
家居建材促销与引流 薛　亮　李永锋　著	对泛家居营销执行模式和工具、关键环节等进行汇总	新零售动作分解与实操：建材·家居·家具 盛斌子　著	对泛家居行业趋势、店面管理、团队管理、促销推广、五感营销等提供策略
家具行业操盘手 王献永　著	总结家具终端门店发展的现状及问题并给出策略	手把手教你做专业督导 熊亚柱　著	系统梳理督导的核心技能，岗位职责、工作流程及技能
手把手帮建材家居导购业绩倍增 熊亚柱　著	针对建材家居门店的业务人员，案例故事还原场景教你成为好导购	10步成为最棒的建材家居门店店长 徐伟泽　著	梳理店长管理的核心工作职责，店面管理规范和帮助销售人员成长
建材家居门店销量提升 贾同领　著	9个板块讲述建材一个单店如何做到经营的良性循环	建材家居门店6力爆破 贾同领　著	产品力、导购力、形象力、推广力、服务力、组织力
二、建材家居经销商			
新经销：新零售时代教你做大商 黄润霖　著	探访近100位经销商在传统营销手法上的创新，传统营销微创新和新营销本地化	建材家居经销商42章经 王庆云　著	经营管理的心法和战法，帮助经销商成为“业务妙手”和“管理能手”

续表

书名	内容	书名	内容
成为最赚钱的家具建材经销商 李治江　著	针对建材家居行业的经销商，从销售模式、产品、门店、市场等方面给出方法		
三、建材家居企业			
定制家居黄金十年 韩　锋　翁长华　著	对中国定制家居行业20年发展历程深度、系统、专业的解读	**建材家居营销：除了促销还能做什么** 孙嘉晖　著	探索家居建材行业营销的革命，回顾和思考来发现行业“营销天花板”的突破口
建材家居营销实务：新环境、新战法 程绍珊　杨鸿贵　著	针对建材家居市场特点提出以客户价值为基础的整体营销价值链		
零货·超市·百货			
新零售进化路径 李政权　著	预先复盘新零售及商业的未来，找到方向	**新零售　新终端** 迪智成　著	将新零售系统打法做梳理并落地在新终端建设上
移动互联下的超市升级 联商网　著	超市未来的发展趋势，对社区超市、生鲜、全渠道建设、O2O等提出观点	**百货零售全渠道营销策略** 陈继展　著	零售行业的竞争重点、行业本质，战略转型、未来趋势、经验和案例
超市卖场定价策略与品类管理 IBMG集团　著	零售企业的市场拓展与商品定位、商品结构与商品陈列、毛利分析与库存分析	**连锁零售企业招聘与培训破解之道** IBMG集团　著	围绕零售企业组织架构、培训体系建设等内容进行深刻探讨
总部有多强大，门店就能走多元 IBMG集团　著	五大方向综合阐述连锁零售企业总部如何提升管理能力	**三四线城市超市如何快速成长：解密甘雨亭** IBMG集团　著	甘雨亭的许多关键经营指标均高于行业标准，学习其成功的方法
中国首家未来超市：解密安徽乐城 IBMG集团　著	对乐城超市的掌门人及内部员工的采访详细阐释了乐城的经验	**零售：把客流变成购买力** 丁　昀　著	通过大量的实际案例对中国零售业态的升级转型之路提出思考
餐饮·服装·影院			
餐饮新营销 杨　勇　程绍珊　著	聚焦餐饮企业转型，系统的餐饮企业营销管理体系	**电影院的下一个黄金十年** 李保煜　著	介绍了中国电影产业的运作模式以及电影院的开发、设计思路
餐饮企业经营策略第一书 吴　坚　著	阐述餐饮企业产品之道、市场之道、顾客之道及盈利之道	**赚不赚钱靠店长，从懂管理到会经营** 孙彩军　著	注重专卖店的经营思路拓展，门店管理细节方面能力提升
农牧业			
一、农资			
饲料营销有方法 陈石平　著	饲料营销的7大核心命题	**农资营销实战全指导** 张　博　著	深度营销在农资市场行之有效的营销策略和工具
新农资如何弯道超车 刘祖轲　著	从农业产业化、互联网转型、行业营销与经营突破		

续表

书名	内容	书名	内容
二、农牧企业			
中国牧场管理实战 黄剑黎　著	牧场管理标准、管理制度、操作规程做出剖析和指引	中小农业企业品牌战法 韩　旭　著	农业企业需要全产业链视野，更需要品牌实战方法
变局下的农牧企业 9 大成长策略 彭志雄　著	为农牧企业量身打造了 9 个立足现在、展望未来的成长策略	农产品营销实战第一书 胡浪球　著	针对 33 个农产品营销的核心问题提供具体招数
	地产·汽车		
一、地产			
中国城市群房地产投资策略 吕俊博　刘　宏　著	挖掘主要城市群的现状特征、发展因子、演化趋势、竞争关系等，给出分析建议	产业园区/产业地产：规划、招商、实战运营 阎立忠　著	认知、规划、招商、运营四方面系统解读产业园区的建设精要和运营技巧
人文商业地产策划 戴欣明　著	“全球化视野（创意）”+“人文+”思维		
二、汽车			
商用车经销商运营实战 杜建君　著	对商用车经销商的经营与管理、4S 店运营做了全方面的系统总结	汽车配件这样卖 俞士耀　著	适合轮胎、机油、维修、快保、美容、洗车等汽车服务业态销售实操办法
润滑油销售：这样说，这样做更有效 张金荣　著	总结润滑油销售面对三大客户常遇到的 200 余个营销问题解决方法		
	投资理财·收购资本		
交易心理分析 马克·道格拉斯 【美】　著	一语道破赢家的思考方式，并提供了具体的训练方法	财报背后的投资机会 蒋　豹　著	零基础轻松掌握财务报表的相关知识，快速入门
写给企业家的公司与家庭财务规划 周荣辉　著	以企业的发展周期为主线，写各阶段企业与企业主家庭的财务规划	分股合心 段　磊　周　剑　著	围绕股权激励，详细介绍相关知识和实行方法
成功并购 300 问 浩德并购军师联盟　著	系统学习资本运作和企业并购知识的金融工具书	并购名著阅读指南 叶兴平　著	全球 5000 多本并购图书中精选 200 本并进行评价
	阿米巴		
阿米巴经营的中国模式 李志华　著	基于阿米巴经典理念提出了适合中国本土的员工自主经营的“1532”模型	集团化企业阿米巴实战案例 初勇钢　著	作者在某酒厂推行阿米巴经营模式的心得
中国式阿米巴落地实践之激活组织 胡八一　著	划分原则、裂变与整合、组织管控、重新定位、巴长竞聘和组阁	中国式阿米巴落地实践之从交付到交易 胡八一　著	从 6 个方面阐述经营会计，从交付到交易是成功实施阿米巴的标志
中国式阿米巴落地实践之持续盈利 胡八一　著	企业做平台、平台做成阿米巴、阿米巴做成合伙制		

续表

人力资源管理			
一、绩效·薪酬			
书名	内容	书名	内容
回归本源看绩效 孙 波 著	从目的和概念帮助企业梳理绩效管理与经营的关系	走出薪酬管理误区 全怀周 著	7个常见薪酬误区入手为企业提供一套系统解决方法
曹子祥教你做绩效管理 曹子祥 著	作者核心授课课程的还原，掌握绩效管理的核心内容	曹子祥教你做激励性薪酬设计 曹子祥 著	作者28年咨询经验总结，如何进行科学的薪酬体系设计
二、招聘·面试·培训			
把招聘做到极致 远 鸣 著	多年人力资源资深招聘经理多年工作心得提炼	把面试做到极致 孟广桥 著	一套实用的确定岗位招聘标准、提升面试官技能方法
人才评价中心漫画版 邢 雷 著	用漫画形式写成的人才测评专业书籍	世界500强资深培训经理人教你做培训管理 陈 锐 著	从构建培训体系、培训组织、培训文化、开发培训资源教你做培训管理
三、HR高管·劳动法			
经营型HRD 黄渊明 著	总结企业HRD如何支撑企业经营成功抓好七件关键事情	人才供应链：实现高绩效均衡的人才管理模式 许 锋 著	打造人才供应链的四大支柱，十项修炼的完整体系
新任HR高管如何从0到1 新 海 著	到互联网创业型企业担任HRVP，从0到1建立较完善的HR体系	人力资源体系与e－HR信息化建设 刘书生 陈 莹 王美佳 著	6大框架、28个关注点、5大目标、6大优势、166个交付物咨询体系和盘托出
集团化人力资源管理实践 李小勇 著	针对集团型企业人力资源管理急问题，提出科学建议	我的人力资源管理笔记 张 伟 著	第三方咨询视角跳出“技术方法”看人力资源管理
人力资源的5分钟劳动法 李皓楠 著	入职管理、在职管理、离职管理中遇到的劳动法问题及应对		
四、HRBP			
HRBP是这样炼成的之菜鸟起飞 黄渊明 著	作者在初步转型HRBP两年时间里摸索实践的亲身经历与总结	HRBP是这样炼成的之中级修炼 黄渊明 著	结合作者亲身从事HRBP的工作经历，总结HRBP的作战故事
HRBP高级修炼 黄渊明 著	故事方式，HRD角度深度呈现运用HRBP的思维、方法		
企业文化			
企业文化落地本土实践 王祥伍 著	华夏基石“知信行”模型描绘企业文化落地路线图	企业文化的逻辑 王祥伍 著	从文化起源深刻剖析文化、效率、企业、企业文化联系
企业文化定位·落地一本通 王明胤 著	企业文化理念传播和落地聚焦的17种方法，解读了近100个实战案例	36个拿来就用的企业文化建设工具 海融心胜 著	汇集整理了36个通用的企业文化实践工具

续表

书名	内容	书名	内容
企业文化激活沟通 宋杼宸　安　琪　**著**	系统阐述沟通与企业文化的关系，给予企业提升沟通效能的企业文化解决方案	**企业文化建设超级漫画版** 邢　雷　**著**	用漫画形式写成的企业文化建设专业书籍，理论体系和 29 个具体的操作方法
在组织中绽放自我 朱仁建　**著**	个人与组织之间的关系，文化对组织化形成的影响		
流程管理			
营销·研发·供应链业务架构与流程管理 谭勋晖　**著**	对营销、研发、供应链这三大业务流程变革实践经验总结	**打造集成供应链** 王春强　**著**	第一用力在“集成”上，梳理内外部各相关模块及其依赖关系
人人都要懂流程 金国华　余雅丽　**著**	50 幅流程管理漫画，内部对流程价值理念的高度共识	**用流程解放管理者** 张国祥　**著**	8 个板块构成，共 66 篇文章，14 幅流程管理图
用流程解放管理者 2 张国祥　**著**	对中小企业规范化流程管理进行系统的阐述	**跟我们学建流程体系** 陈立云　罗均丽　**著**	在《跟我们做流程管理》基础上丰富了标杆实践案例
16949 质量管理体系落地与全套文件汇编 谭洪华　**著**	对 IATF16949 每个条款讲解采用理解、作用、落地、模板、成功案例四个模块解析	**ISO9001：2015 制造业文件模板全集** 贺红喜　**著**	五篇内容组成的完整的质量管理体系工具文件
精益质量管理实战工具 贺小林　**著**	四个方面对精益质量管理进行了全方位介绍和解读，并提供大量方法工具	**五大质量工具详解及运用案例** 谭洪华　**著**	APQP、FMEA、MSA、SPC、PPAP 这五大质量工具的具体运用
IATF16949 质量管理体系详解与案例文件汇编 谭洪华　**著**	针对 IATF16949 的标准原文做详细解说，同时提供大量表单案例	**SA8000：2014 社会责任体系认证实战** 吕　林　**著**	将 SA8000 多版本及 10 多年的体系实战经验汇编成书
ISO9001：2015 新版质量管理体系解读与案例文件汇编 谭洪华　**著**	ISO9001：2015 新版标准理解和运用操作进行详细解读	**ISO14001：2015 新版环境管理体系解读与案例文件汇编** 谭洪华　**著**	ISO14001：2015 改版后的差别和操作运用进行详细讲解
精益生产			
一、精益·JIT·IE			
精益思维 刘承元　**著**	作者二十余年企业经营和咨询管理的经验总结	**比日本工厂更高效** 刘承元　**著**	管理提升无极限＋超强经营力＋精益改善里的成功实践
计划与物流精益改善之道 于晓光　**著**	围绕“计划与物流战略咨询的方法论”进行解析，提供方法论和案例	**300 张现场图看懂精益 5S** 乐　涛　**著**	通过日本丰田、上市企业案例，用 300 张现场图系统讲解 5S 管理
3A 顾问精益实践 1：IE 与效率提升 党新民　苏迎斌 蓝旭日　**著**	系统、全面地介绍 IE 工厂管理技术，提高效率创造价值	**3A 顾问精益实践 2：JIT 与精益改善** 肖智军　党新民　**著**	系统、全面地介绍 JIT 生产方式，并加入实践案例
高员工流失率下的精益生产 余伟辉　**著**	从三方面论述推行精益管理时如何应对员工流失		

续表

书名	内容	书名	内容
二、生产管理			
化工企业工艺安全管理实操 黄　娜　著	围绕化工工艺安全14要素来展开分析	手把手教你做专业生产经理 黄　娜　著	生产经理如何在信息流、物流、资金流三大流中开展工作
欧博心法：好工厂　靠管理 曾　伟　著	从管人篇和管事篇帮助读者解决人难管、事难控	欧博工厂案例1：生产计划管控对话录 曾　伟　曾子豪　著	工厂管理生产计划管控模块的8个全景细节大案例
欧博工厂案例2：品质技术改善对话录 曾　伟　曾子豪　著	工厂管理品质、技术、效率管理模块的10个全景细节大案例	欧博工厂案例3：员工执行力提升对话录 曾　伟　曾子豪　著	工厂管理人员管控模块的5个全景细节大案例
工厂管理实战工具 曾　伟　著	中国传统文化指导下的工厂管理工具		
全能型班组：城市能源互联网与电力班组升级 国网天津电力公司　著	从互联网时期的班组转型升级出发，对新型班组组织模式和运行机制进行设想	国网天津电力全能型班组建设实务 国网天津电力公司　著	聚焦天津电力公司在探索全能型班组转型升级时的优秀实践
车间人员管理那些事儿 岑立聪　著	小事入手把基层车间管理者头疼的事务打包解决		
咨询·培训师			
培训师事业长青之道 廖信琳　著	培训师自我管理的“洋葱模型”，十项内容与五个层级	管理咨询师的第一本书 熊亚柱　著	深度剖析初级入行咨询师在工作中会遇到的问题
资深管理咨询顾问工作心得 张国祥　著	使用手册讲述咨询师如何操作项目，老板如何选择咨询师，企业如何自主落地	手把手教你做顶尖企业内训师 熊亚柱　著	从开、控、收、编、制、用的角度去践行培训师的职责
TTT培训师精进三部曲上 廖信林　著	手把手教您“深度改善现场培训效果”的一招一式	TTT培训师精进三部曲中 廖信林　著	建构一整套培训课程设计与开发的认知架构和方法体系
TTT培训师精进三部曲下 廖信林　著	通过“沉淀职业功力的六度模型”，帮助培训师在职业技能上的持续精进		
产品·研发			
研发体系改进之道 靖　爽　陈年根 马鸣明　著	取材数十家企业研发改进的咨询实践，提炼一套实操的改进步骤与工具	新产品开发管理，就用IPD（升级版） 郭富才　著	把产品经营的思想凝结在新产品开发管理机制中，升级版更丰富
产品开发管理：方法·流程·工具 任彭枞　著	结合超过300家企业的实际研发管理方法，总结问题和方法，大量表格	资深项目经理这样做新产品开发管理 秦海林　著	采用过程管理方法，对新产品开发的四大过程进行分析，主要针对小电器产品
产品炼金术Ⅰ：如何打造畅销产品 史贤龙　著	如何打造畅销产品的四个方法	产品炼金术Ⅱ：如何用产品驱动企业成长 史贤龙　著	经营者视角重新认识产品，对产品现状快速诊断
中东历史与现状二十讲 黄民兴　著	对中东几千年的历史和动荡的现状进行了一个白描	非暴力抵抗的诞生 甘　地　著	甘地南非21年为印度侨民争取政治权利的艰苦历程

续表

书名	内容	书名	内容
中国古代政治制度上：皇帝制度与中央政府 刘文瑞　著	探究中国古代政治制度的规则和机制，论证古代皇帝制度的形成和演变历程	**中国古代政治制度下：地方体制与官僚制度** 刘文瑞　著	探究中国古代政治制度的规则和机制，论证古代地方政府的发展演变过程
两晋南北朝十二讲 李文才　著	分12个专题对两晋南北朝的历史进行阐述	**每个中国人身上的春秋基因** 史贤龙　著	透过真实的春秋历史，看到人性里的黑暗与光明、卑劣与高尚
二、哲学			
车过麻城·再晤李贽 张再林　著	用游记的方式，展示李贽独到的学术眼力和理论建树	**王阳明万物一体论** 陈立胜　著	“万物一体”是王阳明思想的基本精神。大人者，能与天地万物为一体
自我与世界：以问题为中心的现象学运动研究 陈立胜　著	对现象学运动之中的“意向性”“自我”“他人”“身体”及“世界”进行深入分析	**作为身体哲学的中国古代哲学** 张再林　著	对中国古代哲学之性质内容给予一种全新的理论解读
中西哲学的歧义与汇通 张再林　著	揭示中西哲学“你中有我，我中有你”之旨		
三、传统文化			
与老子一起思考·道篇 史贤龙　著	一本将《老子》思想本义、思想价值、思想史地位、文明史意义讲透的著作	**与老子一起思考·德篇** 史贤龙　著	考、释、译、论四个方面的工作对《老子》进行解读
国富策：读管子知天下财富 翟玉忠　著	《管子》轻重十六篇为核心的轻重术，深刻阐发并从中汲取有益时代的经验教训	**说服天下：鬼谷子的中国沟通术** 翟玉忠　著	为纵横家正名，对纵横术进行了系统总结
中国商道 翟玉忠　著	对中国先秦和明清时期商业典籍系统整理和诠释	**梁涛讲孟子之万章篇** 梁　涛　著	对《万章》的讲解通俗、富有新意
中国思想文化十八讲 张茂泽　著	中国宗教文化课程10年基础上撰写而成，介绍中国古代宗教思想	**孔门心法，中道而行：史幼波中庸讲记** 史幼波　著	史幼波讲的《中庸》提炼出中华传统心性之学的精髓
大学之道，圣学纲目：史幼波大学讲记 史幼波　著	史幼波讲的《大学》帮助我们在自己身上找到一个精神的皈依处	**史幼波《周子通书》《太极图说》讲记** 史幼波　著	根据史幼波围绕这两篇儒学经典的系列讲座整理而成
四、书法·太极·教育·英语			
跟陈忠建学写名家书法Ⅰ 陈忠建　著	用视频跟陈忠建学名家书法之楷书·行书	**跟陈忠建学写名家书法Ⅱ** 陈忠建　著	用视频跟陈忠建学名家书法之隶书·楷书·行书
郑子太极拳理拳法 杨竣雄　著	作者14岁入郑子太极之门，用故事性的方式讲述教学	**内功太极拳训练教程** 王铁仁　著	训练方法及练习，用内气演练过程予以详析，有视频
别让你的执着毁了孩子 廖信林　著	复盘与孩子互动过程中的关键时刻，有效的亲子教育	**像美国人一样讲话** 马方旭　著	美国最常用的800句习惯用语搭配场景例句，有视频